清代宮廷生活

清代宮廷生活

主編：萬依・王樹卿・陸燕貞　商務印書館香港分館出版

LIFE OF THE FORBIDDEN CITY

© 1985 The Commercial Press (H.K.) Ltd.

First published September 1985

Chief Compiler: Wan Yi, Wang Shuqing, Lu Yanzheng
Executive Editor: Chan Man Hung, Kwan Pui Ching
Arts Editor: Wan Yat Sha
Photographer: Hu Chui
Designer: Yau Pik Shan

清代宮廷生活

主　　編：萬　依　　王樹卿　　陸燕貞
責任編輯：陳萬雄　　關佩貞
美術編輯：溫一沙
攝　　影：胡　錘
裝幀設計：尤碧珊
出　　版：商務印書館（香港）有限公司
　　　　　香港筲箕灣耀興道 3 號東滙廣場 8 樓
　　　　　http://www.commercialpress.com.hk
發　　行：香港聯合書刊物流有限公司
　　　　　香港新界大埔汀麗路 36 號中華商務印刷大廈 3 字樓
印　　刷：中華商務彩色印刷有限公司
　　　　　香港新界大埔汀麗路 36 號中華商務印刷大廈 14 字樓
製　　版：昌明製作公司
版　　次：2014 年 6 月第 1 次印刷（普及版精裝）
　　　　　1985 年 9 月初版（8 開精裝）
　　　　　2006 年 3 月初版（普及版平裝）
　　　　　© 1985 商務印書館（香港）有限公司
　　　　　ISBN 978 962 07 5627 6
　　　　　Printed in Hong Kong

前　言

在剛剛進入二十世紀的時候，紫禁城還是戒備森嚴的皇宮，黎民百姓不得輕易靠近。從一四二一年的明朝初葉到一九一一年清朝滅亡，整整四百九十年間，在這七十二萬平方米的禁地上，不可一世的皇帝和權貴們，“你方唱罷我登場”，扮演着一齣齣真實的悲喜劇。那些不同臉譜的人們，隨着時間的推移，一個個地消逝了，然而他們的遺物——巍峨的宮殿、豪華的陳設、珍奇的珠寶、高雅的文玩、日用的雜物，至今歷歷在目。甚至從被布鞋底踏磨得凹陷下去的方磚上，彷彿還能看到當初那些天潢貴胄、武士文臣以及太監宮女、工匠夫役們重重疊疊的足迹。

宮廷生活，尤其是清代帝后嬪們的生活，皇家文獻中一直諱莫如深，因而越發使人感到神祕。辛亥鼎革以來，以清宮生活為題材的野史、小說、電影、戲劇固多，但往往有寄想託情之作，使人難於置信。文學作品祇能作藝術欣賞，終不能代替歷史，所以有很多人領略了藝術的芳香以後，又很想知道歷史的真實。這就需要博物館工作者、歷史研究工作者來作某些回答。宮廷中肅穆而繁縟的典禮是如何進行的？“日理萬機”的皇帝是怎樣處理政務的？帝后們的衣食住行是如何安排的？皇帝是否也有他的文化生活？宮中有甚麼習俗和信仰？凡此種種，都是關心歷史的人們所樂於了解的。

有關清代歷史大事的記載，可謂浩如烟海，但對宮廷生活的著錄，則如鳳毛麟角。歷史界也較少有深入研究，祇有通過對宮廷遺物的觀察思考、從文獻的字裏行間去尋覓撿拾，纔能略知一二。譬如：從宮藏天文儀器的名款上得知外國傳教士南懷仁，確實為宮廷造過天文儀器；從刻滿各種數據的炕桌上知道康熙帝確實認真學習過數學；從對康熙和乾隆兩朝製造的樂器比較中，可知康熙帝頗通樂律，而乾隆帝則不解宮商；乾隆帝的書法，通過他歷年元旦親自開筆書寫的吉語，纔確知他早期的字並不見佳，過若干年後纔有所進步；從宮廷畫卷上了解到的宮廷生活內容則更多。從文獻記載的側面研究宮廷是主要手段之一。如順治帝死後是先火化再葬入地宮，各官書均無明確記載，但從《清會典事例》、《清朝文獻通考》等文獻中用詞的微小差異上仍能找出痕迹。循此，又從乾隆帝一則禁止滿人再用火葬的諭旨中得知滿族舊俗亦為火葬。再如根據檔案中所存的大量資料，慈禧太后六十壽辰時，原擬從頤和園到西華門沿途滿佈點景，但從實錄和《翁文恭公日記》看，壽辰前慈禧太后住在中南海，並因陸海軍對日作戰失利已命停辦，祇在北長街一段設了點景。上述情況說明，要弄清宮廷某些真實情況，不下大功夫不能達目的。

在這本畫册中，可以看到很多參觀故宮博物院時無法看到的內容，因為不僅動用了很多從未發表過的宮廷文物，而且為了追求歷史情景的再現，曾通宵達旦地捕捉了極難拍攝的夜景及其他特殊景色。特別是為追尋康、乾二帝南巡、北狩的遺迹，竟跋涉了上萬里路程，很多畫面是從風風雨雨、嚴寒酷暑中取得的。

此畫册的選題，是一次大膽的嘗試，內容包括甚廣，其工作量之大，遠非三主編所能完成。本院研究室、保管部、陳列部、開放管理部、圖書館、紫禁城出版社等很多同事協助工作。紫禁城出版社的劉北汜先生，商務印書館香港分館副總編輯陳萬雄先生、美術設計主任尤碧珊女士、美術編輯溫一沙先生、助理編輯關佩貞女士多次給予指導和提示，在此深表謝意。攝影師胡錘先生擔任了全部藝術攝影工作，原研究室宮廷歷史組研究人員，現為紫禁城出版社編務室主任的劉潞女士擔任了大量編寫暨導引南巡北狩的拍攝工作。書中武備編、巡狩編、遊樂編暨政務編的外務部分、祭祀編的祭祀部分都是由劉潞女士撰寫的。研究室副主任紀宏章先生負責組織拍攝工作，劉志崗、郭玉海兩先生輔助大量拍攝工作。此書應該說是集體勞動的結晶。

萬依　王樹卿　陸燕貞

目錄

清帝世系圖

（ 清起世祖愛新覺羅·福臨，終遜帝愛新覺羅·溥儀，傳十主，合計268年 ）

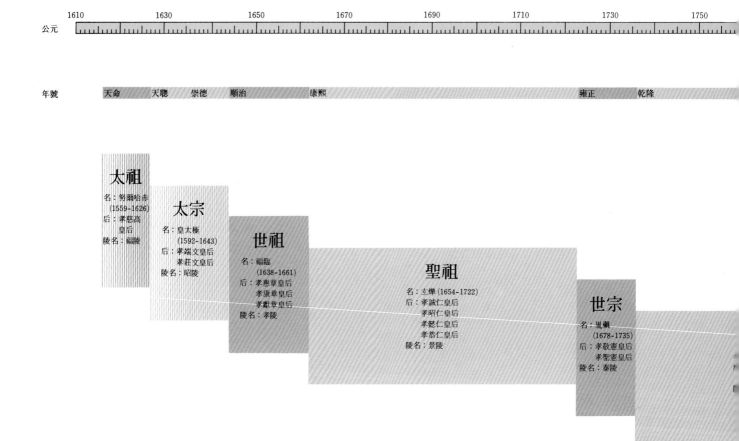

公元

| 1610 | 1630 | 1650 | 1670 | 1690 | 1710 | 1730 | 1750 |

年號　天命　天聰　崇德　順治　康熙　　　　　　　雍正　乾隆

太祖
名：努爾哈赤
（1559-1626）
后：孝慈高
皇后
陵名：福陵

太宗
名：皇太極
（1592-1643）
后：孝端文皇后
孝莊文皇后
陵名：昭陵

世祖
名：福臨
（1638-1661）
后：孝惠章皇后
孝康章皇后
孝獻章皇后
陵名：孝陵

聖祖
名：玄燁（1654-1722）
后：孝誠仁皇后
孝昭仁皇后
孝懿仁皇后
孝恭仁皇后
陵名：景陵

世宗
名：胤禛
（1678-1735）
后：孝敬憲皇后
孝聖憲皇后
陵名：泰陵

1770 1790 1810 1830 1850 1870 1890 1910

嘉慶　　　　　道光　　　　　咸豐　同治　光緒　　　　　宣統

宗
711-1799)
皇后
皇后

仁宗
名：顒琰 (1760-1820)
后：孝淑睿皇后
　　孝和睿皇后
陵名：昌陵

宣宗
名：旻寧 (1782-1850)
后：孝穆成皇后
　　孝慎成皇后
　　孝全成皇后
　　孝靜成皇后
陵名：慕陵

文宗
名：奕詝
　　(1831-1861)
后：孝德顯
　　皇后
　　孝貞顯
　　皇后
　　孝欽顯
　　皇后
陵名：定陵

穆宗
名：載淳
　　(1856-1874)
后：孝哲毅皇后
陵名：惠陵

德宗
名：載湉 (1871-1908)
后：孝定景皇后
陵名：崇陵

遜帝
名：溥儀
　　(1906-1967)
后：婉容
葬北平八寶山公墓

典禮編

典禮，是清朝宮廷政治生活中的重要活動。很多朝廷大事，都通過盛大的典禮加以體現。

典禮，現在的理解是指隆重的儀式，與古代的含義不盡相同。在古文獻中，典禮有時只稱"典"或"禮"，其含義不僅指禮節、儀式，而且包含社會的倫理道德和典章制度等內容。所以孔子曾把"禮"看作是關係到國家興亡的大事。以後累代相沿，其含義亦每有增減和演變。清代基本繼承了古代"禮"的傳統觀念。《清會典》中記敍的"典禮"，即《周禮》上所載而歷代沿用的五禮制度。五禮制度的內容列表簡示如下：

五禮	項目數	主 要 內 容
吉禮	123	祭祀。
嘉禮	74	登極、朝賀、冊封、大婚、筵宴等。
軍禮	18	大閱、親征、命將、凱旋、獻俘、日蝕及月蝕的救護等。
賓禮	20	對外國來賓的禮節及國內各級官員、士庶相見的禮節。
凶禮	15	自皇帝至士庶的喪禮。

從表上可看出"五禮"是國家的全部禮制，典禮、儀式、禮節等都包括在內。清朝的宮史和續宮史，述及"典禮"的篇章，所收的內容很多。既包括了盛大典禮，又包括宮規、冠服、儀衛、勤政、宴賓（音：賚）等，實際是宮中的一些典章制度。清代的典禮既這樣龐雜，為了便於清楚說明清宮生活的各方面，只有按現在的理解去分類並作介紹。如勤政列入政務編，軍事活動列入武備編，冠服、筵宴列入服用編，婚喪列入宮俗編，祭祀列入祭祀編等。典禮編重點在舉例說明宮中舉行的一些隆重儀式。

宮中最重要的典禮，莫過於登極大典。登極大典標誌着舊統治者的結束和新統治者接管權力的開始。

清朝入關後，曾舉行過十次登極大典。這十次大典中，有兩次情況特殊。

一次是順治元年（1644年）十月初一日小皇帝愛新覺羅·福臨在北京紫禁城內的一次登極。情況所以特殊，是因為前一年其父皇太極去世，福臨曾於八月廿六日在瀋陽宮內即皇帝位；入關後定鼎燕京，又舉行了一次即位典禮。這次典禮，由於睿親王多爾袞率領先頭部隊到京只有五個月，被燬於戰火的皇極殿（後稱太和殿）未遑修整，因此這次登極是在皇極門（後稱太和門）舉行的。屆時，順治帝陞上臨時設置的寶座，諸王、貝勒（滿語，原為貴族的稱號，後定為清宗室及蒙古外藩的爵號，位在親王、郡王之下）、貝子（滿語，是貝勒的複數，原意為"天生"貴族，後定為爵號，位列於貝勒之下）、公等立於金水橋北，文武各官立於金水橋南，王公文武百官跪進表，大學士宣讀表文後，羣臣行三跪九叩禮，即告結束，儀式比較簡略。

另一次嘉慶帝登極，是其父乾隆帝親自傳位的，名為授受大典，儀式隆重而又充滿歡慶氣氛。

其餘八次，都是在上一代皇帝新死，嗣皇帝於喪期中即位的。當然這八次的情況也不盡相同。如雍正、乾隆、道光、咸豐四代，嗣皇帝都是成年；康熙、同治、光緒、宣統四代，嗣皇帝都是幼童。幼童皇帝的情況也不一樣，如康熙帝是在大臣輔政的情況下即位的，同治、光緒兩帝是在兩太后垂簾聽政的情況下即位的，宣統帝則是在攝政王監管國政的情況下即位的（順治帝也屬於這一類型）。即位的小皇帝又有正統（皇帝親生子）和入繼（過繼）兩種，但典禮儀式大體相同。

登極典禮當天清早，由擔任禁衛的步軍屯守禁城各門。內閣會同禮部、鴻臚寺官設放置寶璽的寶案（一種稍窄的長桌，下同）於太和殿御座之南正中，設放置羣臣所進表文（頌賀之詞）的表案於殿內東間之南，設放置詔書的詔案於東間之北，又設放置筆硯的筆硯案於殿內西間，另設一黃案於殿外丹陛上正中。由鑾儀衛的官校陳設鹵簿於太和殿前及院內。

鹵簿，即皇帝使用的儀仗。鹵簿一詞出於漢代或更早。唐代人解釋：鹵是大盾，披甲執盾隨天子出入的人，先後有次序，要記錄在簿冊上，所以叫鹵簿。以後各代皇帝均有鹵簿，其中以唐、宋為最盛。宋神宗的鹵簿多達二萬二千多人。皇帝的鹵簿最初可能有護衛作用，後來就逐漸成為顯示皇帝威嚴的裝飾物了。

清代皇帝的鹵簿，因使用場合不同，有四種不同的規格和名稱。即大駕鹵簿、法駕鹵簿、鑾駕鹵簿和騎駕鹵簿。

類 別	用 途	件 數
大駕鹵簿	在圜丘、祈穀、常雩（音於）三次大祀中使用。	六百六十多件
法駕鹵簿	在朝會中使用。	五百六十多件
鑾駕鹵簿	行幸於皇城中使用。	一百零四件
騎駕鹵簿	巡幸外地時使用。	一百五十二件

登極大典中用的是法駕鹵簿。是日，自太和殿前到天安門外御道兩旁，都陳列着龐大的鹵簿和宮中樂隊，氣氛十分嚴肅。鹵簿在典禮中只是陳設，顯示典禮的隆重，沒有其他用途。

另在太和殿東西簷下，設有中和韶樂樂隊。中和韶樂屬古代宮廷雅樂，所用樂器是按照古制配備的；包括用金、石、絲、竹、匏、土、革、木等八種材料製成，稱為八音。即：金屬，編鐘、鎛鐘；石屬，編磬、特磬；絲屬，琴、瑟；竹屬，排簫、簫、笛、篪（音：池）；匏屬，笙；土屬，塤（音：薰）；革屬，建鼓、搏拊；木屬，柷（音：祝）、敔（音：語）。共十六種，六十多件，並有歌生四人。這一樂隊專在朝會、受賀、大婚、頒詔、筵宴等典禮中，皇帝陞座和降座時演奏。凡皇太后、皇后在內廷受賀，也於陞座、降座時演奏。另在太和門內東西簷下設丹陛大樂樂隊。所用樂器有大鼓、方響、雲鑼、簫、管、笛、笙、杖鼓、拍板等共二十二件，沒有歌生。這一樂隊專在文武百官行禮（或其他人行禮）時演奏。午門外還設有導迎樂樂隊、擡詔書用的龍亭和擡香爐用的香亭。

雍正十三年（1735年）九月，乾隆帝弘曆在太和殿登極，情況大體是這樣的：

雍正十三年八月廿三日，雍正帝死於圓明園，當日即將靈柩運回紫禁城，安放乾清宮內。嗣皇帝弘曆以乾清宮南廡的上書房爲守喪倚廬。弘曆的生母熹貴妃鈕祜祿氏（已被尊爲太后），在乾清宮東暖閣守靈。九月初三日，登極大典的準備工作就緒後，禮部向書請即位。穿着白色孝服的弘曆，先到雍正帝靈前祇告即將受命，行三跪九叩禮，然後到側殿更換皇帝禮服。皇太后也回本宮換上禮服陞座。弘曆到皇太后宮行三跪九叩禮。這時乾清宮正門要垂簾，表示喪事暫停。弘曆由乾清門左門出，乘金輿，前引後扈大臣、豹尾班、侍衛等隨行。到保和殿降輿，先到中和殿陞座。在典禮中執事的各級官員行三跪九叩禮。禮畢，官員們各就位。禮部向書再奏請即皇帝位。翊衛人等隨弘曆御太和殿。弘曆陞寶座即皇帝位。這時按一般典禮規定，由中和韶樂樂隊奏樂，但由於處在喪期，規定音樂設而不作，只午門上鳴鐘鼓。

乾隆帝即位後，階下三鳴鞭，在鳴贊官（司儀）的口令下，羣臣行三跪九叩禮。典禮中，百官行禮應奏丹陛大樂，此時亦設而不作。羣臣慶賀的表文也進而不宣。

登極大典最後要頒佈詔書，以表示皇帝是“眞命天子”，秉承天地、祖宗意志，君臨天下，治理國家。並發佈施政綱領及大赦令。因此頒詔儀式亦莊嚴而隆重。首先，大學士自左門進殿，從詔案上捧過詔書放在寶案上，由內閣學士用寶（蓋印），大學士再將詔書捧出，交禮部向書捧詔書至階下，交禮部司官放在雲盤內（裝飾有雲紋的木托盤），由鑾儀衛的人擎執黃蓋共同由中道出太和門。再鳴鞭，乾隆帝還宮。文武百官分別由太和門兩旁的昭德門、貞度門隨詔書出午門，將詔書放在龍亭內，擡至天安門城樓上頒佈。乾隆帝返端凝殿，再換上孝服回倚廬。大學士等將“皇帝之寶”交回，貯於大內。

這是一次典型的登極大典，其餘七次均大同小異。

清朝各代皇帝登極，距離上一代皇帝死亡，一般在一個月左右。最短的是雍正帝登極。可能是康熙帝諸子奪位鬥爭激烈，不便拖延，所以距離康熙帝死亡只有七天。另同治小皇帝即位，距離咸豐帝的死長達兩個月零二十多天。登極遷延的原因，一不是因儲位的危機，二不是因死在避暑山莊，因爲嘉慶帝也死於避暑山莊，而道光帝在第三十一天就即位了。很明顯這是與“辛酉政變”有關。同治小皇帝登極時，在即位詔書中剛剛公佈了“以明年爲祺祥元年”，大學士周祖培就提出，以“祺祥”爲建元年號不妥，奏請可否更定。已掌握了皇權的兩太后，立即發出懿旨表示：以前載垣等擬進的“祺祥”字樣，“意義重複，本有未協”，即命議政王奕訢及軍機大臣等合議更改。奕訢等擬改爲“同治”二字，得到兩太后俞允，很快就更改了年號。其實“祺祥”二字沒有什麼不好，只因是政敵擬定的，所以必須立即撤換。此事在清王朝歷史上亦屬僅見。

朝廷大典，除登極、授受大典外，還有親政，晚清的垂簾聽政，上皇帝尊號、徽號，上太皇太后、皇太后尊號、徽號等。

關於上皇帝尊號，除入關前努爾哈赤、皇太極曾各舉行過一次以外，入關後各代皇帝一直沒有進行。但給皇太后上尊號、徽號則是屢見不鮮的。典禮也較隆重。

順治八年（1651年），順治帝親政時爲其母上徽號的禮節大體有三個步驟：

一、上徽號前一日（二月初九日）先進奏書，即報告上徽號的文書。是日皇太后宮前設儀駕（太后的儀仗）及中和韶樂、丹陛大樂等。另由大學士着朝服捧奏書放在中和殿案上，順治帝親到中和殿閱奏書後，大學士捧至皇太后宮門外，順治帝乘輿至皇太后宮門前。此時太后着禮服進宮，中和韶樂作，太后陞座，樂止。順治帝親捧奏書跪獻給太后，大學士代跪接，宣讀官讀奏書。讀畢，奏丹陛大樂，順治帝行三跪九叩禮。禮畢，樂止。太后降座，奏樂。進奏書，禮成。

二、二月初十日正式上徽號曰“昭聖慈壽皇太后”，並進金册、金寶。皇太后宮仍設儀駕、樂隊。同時太和殿、太和門、午門前陳設法駕鹵簿。順治帝到太和殿閱册、寶畢，率王公百官至太后宮恭進册、寶。儀式與進奏書相似。

三、二月十一日順治帝御太和殿，王公百官進表行慶賀禮，並頒詔佈告天下。這時上徽號才算完成。

除上述典禮外，還有些大的朝會，也是在太和殿舉行，如元旦朝賀、萬壽節慶賀、冬至祭圜丘慶成禮（以上稱三大節）及每月初五、十五、廿五三天的常朝（只行禮、謝恩、不奏事，不經常舉行）等，都是皇帝御太和殿受朝拜，均稱爲典禮；禮儀與登極大典相似。常朝日若皇帝不御殿或不在宮內，王公在太和門外，百官在午門外，東西向坐班，糾儀官繞一周檢查後，王公自午門出來，百官即退出。

在內廷，有皇太后、皇后三大節慶賀典禮，其禮儀亦與上太后徽號相似。不過到皇后千秋節（壽辰），皇后要先率領後宮妃嬪等向皇太后、皇帝行內朝禮，然後皇后再到交泰殿受朝賀。朝賀前亦設皇后儀駕於交泰殿左右，設中和韶樂於交泰殿簷下，設丹陛大樂於乾清宮後簷下。屆時，皇后具禮服陞交泰殿寶座，中和韶樂作，陞座後，樂止。宮殿監引皇貴妃以下妃嬪等人及公主、福晉（皇子及王的正妻）、夫人（貝勒以下、將軍以上的正妻）、命婦（品官的正妻中有誥封的）等行六肅三跪三拜禮，這時奏丹陛大樂，禮畢，樂止。皇后降座，再奏中和韶樂，禮畢，皇后返後宮。皇子、皇孫等到後宮行三跪九叩禮。宮殿監率閣宮首領太監在東、西丹墀下行禮。這是一次皇后獨享的慶賀禮。

3

2. 太和殿

俗稱金鑾殿，是宮中面積最大，規格最高的宮殿。每年元旦、冬至、萬壽三大節的慶賀，以及凡登極、常朝、宴饗、命將出師、傳臚（即宣佈殿試名次）、新授官員謝恩等，皇帝均御太和殿舉行儀式。大的典禮，一般在拂曉時舉行。殿內外須燃燭照明，並在殿內及丹陛上下的鼎爐、龜鶴中點燃檀香及松柏枝等香料。午門鳴鐘鼓，殿簷下奏樂，烘托着典禮中隆重而神祕的氣氛。

3. 太和殿內景及寶座

太和殿的寶座和屏風，設在大殿中央七層臺階的高臺上。通身髹以金漆，是宮中位置最高，體量最大，雕鏤最精，裝飾最華貴的皇帝御座。寶座周圍設置象徵太平有象的象馱寶瓶，象徵君主賢明、羣賢畢至的甪（音：祿）端，象徵延年益壽的仙鶴，以及焚香用的香爐、香筒。靠近寶座的六根明柱和樑、枋上的羣龍彩畫，全用瀝粉貼金。寶座上方的蟠龍銜珠藻井，也統統罩以金漆，更顯出"金鑾寶殿"的華貴氣氛，足見坐上這個寶座的人是何等尊貴。清順治帝以後的九代皇帝，就是以陞上這個寶座為取得政權的標誌的。

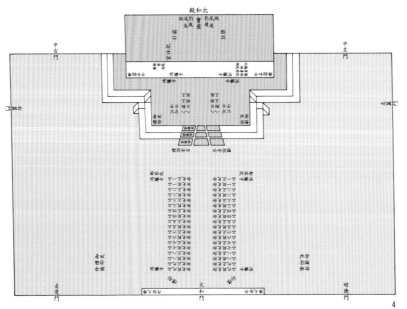

4

4. 朝賀位次圖

朝會中各執事官員和朝拜官員，各有規定的位次，等級極為森嚴。

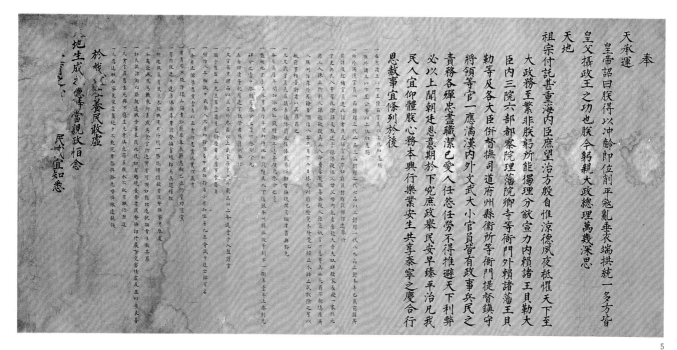

5.順治帝親政詔書

順治帝六歲即位，由叔父多爾袞做攝政王。順治八年（1651年）親政時向全國發佈了詔書（普告天下臣民的文書）。內容大體是：緬懷上一代皇帝的"功績"；新皇帝略示謙詞而宣告即位；公佈建元年號；命文武大小臣工忠於朝廷，以保持清朝的統治"萬年無疆"等。詔書中還公佈了親政時晉封官職、蠲減賦稅及各項赦免的條款。

6.賀表

每逢慶節典禮，大臣要向皇帝或太后進賀表，內容是統一擬定的。大意是：臣某等誠惶誠扑，稽首頓首上言，因某節或某事向皇帝或太后奉表稱賀以聞。上圖係乾隆二年（1737年）十二月十一日，因冊立富察氏為皇后，給太后加上崇慶慈宣皇太后徽號的第二天，康親王巴爾圖，以及王、貝勒、文武官員等所共進的賀表。

8

7. "皇帝之寶"

　　方15.4cm

　　皇帝印信。古代稱璽，唐代始稱寶，明、清沿用。乾隆時期規定，皇帝共有二十五寶。此檀香木"皇帝之寶"是二十五寶之一，在詔書上使用。

8. "皇帝之寶"印文

　　左部爲滿文，右部爲漢文。

9. 寶盝

　　高41.6cm　方38.4cm

　　寶盝即貯藏印璽的盒子。外層木質，內層金質，下有木几。平時外面覆以黃緞罩。

9

10. 順治皇帝朝服像

縱270.5cm　橫143cm

　　順治帝名福臨，是清入關後第一個皇帝。崇德三年（1638年）生於盛京（瀋陽）永福宮，生母是莊妃（即昭聖皇太后）博爾濟吉特氏。六歲登極，十四歲親政。順治十八年（廿四歲）死於紫禁城養心殿。順治帝由於幼齡即位，國政多由攝政王多爾袞主持。親政後，能治當地處理滿、漢關係，對清初能在關內站住脚起了一定作用。

　　朝服像各帝后皆有，是帝后的標準畫像。有的畫於生前，有的追畫於死後。其用途，記載中多見死後掛在景山壽皇殿、圓明園安佑宮及宮內有關處所，供禮拜瞻仰之用。

11

11. 避暑山莊的澹泊敬誠殿

　　避暑山莊位於今河北省承德市，是清康熙年間修建的一所離宮。由於康熙、乾隆、嘉慶諸帝，夏秋季經常在此避暑，這期間的重要典禮就在澹泊敬誠殿舉行。如乾隆帝多次在這裏度過八月十三日壽辰，其朝賀禮節即在此殿舉行。它和圓明園的正大光明殿一樣，是御園中舉行典禮的地方。

12. 交泰殿內景

　　交泰殿在乾清宮與坤寧宮之間，是皇后在節日受朝拜的地方。兩旁黃緞罩內是寶盝，貯存着皇帝的二十五寶。此外，西陳大更鐘，東陳古代計時器銅壺滴漏。

22

13

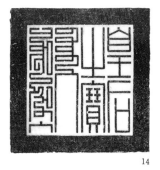

14

13. "皇后之寶"

  方 14 cm

  金質，重1800克。册立皇后時頒
金寶、金册各一。是皇后身分的象徵
物。

14. "皇后之寶"印文

  左部爲滿文，右部爲漢文。

15.順治皇后像

　　縱245.8cm　橫116.8cm

　　順治皇后佟佳氏，漢族人。初入
宮爲妃，十五歲生康熙帝玄燁。順治
帝死後，八歲的玄燁因已出過天花而
被選爲繼承人。佟佳氏被尊爲皇太后，
當時只有廿二歲。兩年後死去，累諡
爲：孝康慈和莊懿恭惠溫穆端清崇天
育聖章皇后，簡稱爲孝康章皇后。

16

17

18

16.慈寧門前景

　　慈寧門是慈寧宮的大門。慈寧宮是皇太后舉行典禮的宮殿。每逢大節日，或有值得慶賀的事如給太后上徽號，以及皇帝大婚的日子，這裏喜氣盈門。皇帝后妃等要來行禮朝拜。禮儀的隆重僅次於皇帝。

17.慈寧門門額

18.孝莊文皇后常服像

　　縱255.5cm　橫262cm

　　孝莊文皇后即昭聖皇太后，蒙古族博爾濟吉特氏。生於明萬曆四十一年（1613年），順治元年（1644年）尊為皇太后，康熙元年（1662年）尊為太皇太后，康熙二十六年（1687年）卒，壽七十五歲。她在順治、康熙兩代小皇帝當政期間，起了一定的幕後參政作用。

19. 崇慶太后上徽號玉冊

每片寬9.6cm　高22.7cm

清宮規定：凡冊立皇后，尊封皇太后、太皇太后，以及上徽號，均進金冊、金寶；上徽號或進玉冊、玉寶；冊封皇貴妃、貴妃授以金冊、金寶；封妃授以金冊、金印；封嬪只發金冊；賜號貴人、常在、答應，不發冊、印。冊、寶實際上是某位號的證件，沒有用場。圖中係乾隆三十六年（1771年），乾隆帝爲其生母崇慶太后八十壽辰上徽號的玉冊。

19

20

21

28

20. 光緒帝《大婚圖》中太和殿前的鹵簿
　　光緒帝《大婚圖》爲光緒十五年（1889年）正月皇帝大婚時，由宮廷畫家繪製記錄大婚典禮全部過程的大型畫册。圖中所見是太和殿筵宴的場面。筵宴時，殿前法駕鹵簿的排列狀況，與舉行朝會及其他典禮時的法駕鹵簿是一樣的。

21. 光緒帝《大婚圖》中的法駕鹵簿局部
　　柱間陳列自右起是金提爐、金香盒、金盥盆、金水瓶。

22. 皇帝鹵簿中的金八件

22

23

24

25

26

23. 皇帝鹵簿中的金香盒
　　高11.2cm　口徑20.16cm

24. 皇帝鹵簿中的金唾壺
　　高16cm　口徑4.8cm

25. 皇帝鹵簿中的金杌
　　高48cm　方邊長57.6cm

27

28

30

26.皇帝鹵簿中的金提爐
　　皇帝鹵簿中有金提爐二，金唾壺
一，金水瓶二，金香盒二，金盥盆一，
合稱金八件。並有拂塵、金杌、金交
椅等，初爲皇帝生活用具，後爲鹵簿
的一部分。

27.皇帝鹵簿中的金盥盆
　　高14.4cm　口徑48cm

28.皇帝鹵簿中的金交椅
　　高93.44cm　橫寬70.4cm

29.皇帝鹵簿中的金水瓶
　　高50.2cm

30.皇帝鹵簿中的拂塵
　　毛長64cm　柄長86.4cm

29

31

32

33

34

32

31. 光緒帝《大婚圖》中的法駕鹵簿局部——靜鞭

靜鞭在大典中設於太和殿前御道兩旁。鞭係絲製，抽起來啪啪作響，用以整肅大典的秩序，標誌着百官行禮將開始和大典的結束。

32. 皇帝鹵簿中的各種旗

包括日、月、雲、雷、風、雨、列宿、五星、五嶽、四瀆等一百二十多面，是鹵簿中數量最多的一種。

33. 皇帝鹵簿中的各種幟

34. 皇帝鹵簿中的曲柄黃龍華蓋

黃龍華蓋在朝會時陳列於太和殿門前正中。

35. 皇帝鹵簿中的各種旛、麾、旌等共五十多件。

36. 皇帝鹵簿中的兵器

從左到右分別是：豹尾槍、戟、殳、星、立瓜、臥瓜、鉞，都是兵器的模擬物。起初曾是禁衞的武器，後來由於另有禁衞的設施，這些就成為儀仗的一部分。

37. 皇帝鹵簿中的各種扇

計有紅、黃色，單、雙龍，方、圓形等式樣。扇右旁一杆是鉞，左旁一杆是豹尾班用的豹尾槍。豹尾班是皇帝路行時的後衞部分。朝會中則分站寶座下後方兩旁。

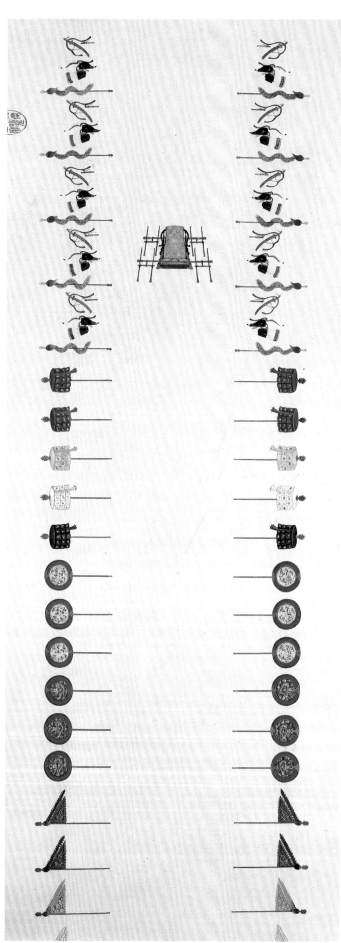

38.皇帝巡幸用的《騎駕鹵簿圖》局部
　　兩旁從上到下的侍衛刀、弓箭、豹尾槍爲一組，共十組；再下爲各種麾、扇、旗；中間爲皇帝乘坐的輕步輿。

39.朝會用的《法駕鹵簿圖》局部

上面太和門前是玉輦、金輦、禮
輿、步輿；下面午門外是金輅、玉輅、
象輅、革輅、木輅（合稱五輅，車頂
上分別用金、玉、象牙、革、木作飾
件）、寶象及樂隊用的鼓。

40. 中和韶樂指揮器——麾

　　長 174.96 cm

　　中和韶樂，屬古代宮廷雅樂。除笛子外，所用樂器都在公元前八世紀或更早前已出現。麾的使用是舉則奏樂，降則樂止。

41. 鎛鐘

　　明代的中和韶樂沒有鎛鐘和特磬。清乾隆二十四年（1759年）江西出土古鐘十一枚，因命按十二律用銅鍍金仿製十二枚，每枚一架，乾隆二十六年（1761年）製成。用鐘體大小調節音高，鐘愈大發音愈低。演奏時以何律為宮，即擺出某律的鎛鐘一架。於樂隊演奏前先擊一聲鎛鐘。

　　鐘體最大的黃鐘通高 68 cm。

42. 特磬

　　亦於乾隆二十六年（1761年）與鑄鐘同時按十二律用碧玉製成。亦每枚一架，用大小調節音高，體愈大發音愈低。用法同鑄鐘，於樂曲終結時擊一聲。

　　磬體最大的黃鐘，短股 46.66 cm，長股 69.98 cm。

43. 編鐘

　　高 23.84 cm

　　金質或銅鍍金。一簾（音：巨，懸掛樂器的木架）十六枚，包括十二正律與四個倍律（低音）。編鐘每個外形及大小相同，靠厚薄調節音高，鐘體愈薄發音愈低。音色清脆、圓潤而有神祕感。

44. 編磬

　　短股 23.33 cm，長股 34.99 cm

　　碧玉或靈璧石琢成，一簾十六枚，律名與編鐘同。亦用厚薄調節音高，磬體愈薄發音愈低。音色清脆而短促。

45

45. 建鼓

面徑 73.73 cm

中和韶樂演奏中，每一樂句完結時擊三下。

46

47. 壎

高 7.14 cm

是土質燒成陶的樂器。在中國新石器時代出土文物中已有三孔陶壎。清壎頂部有吹口，壎身前面四孔，後面兩孔，用以調節音高，愈接近底部之孔發音愈低。

47

46. 搏拊

面徑 23.33 cm

古搏拊是皮袋中裝糠，擊之只有節奏而無共鳴。明、清時均爲橫長的小鼓，兩頭可拍打。演奏時與建鼓相應，每建鼓擊一聲，搏拊左右各擊一聲。

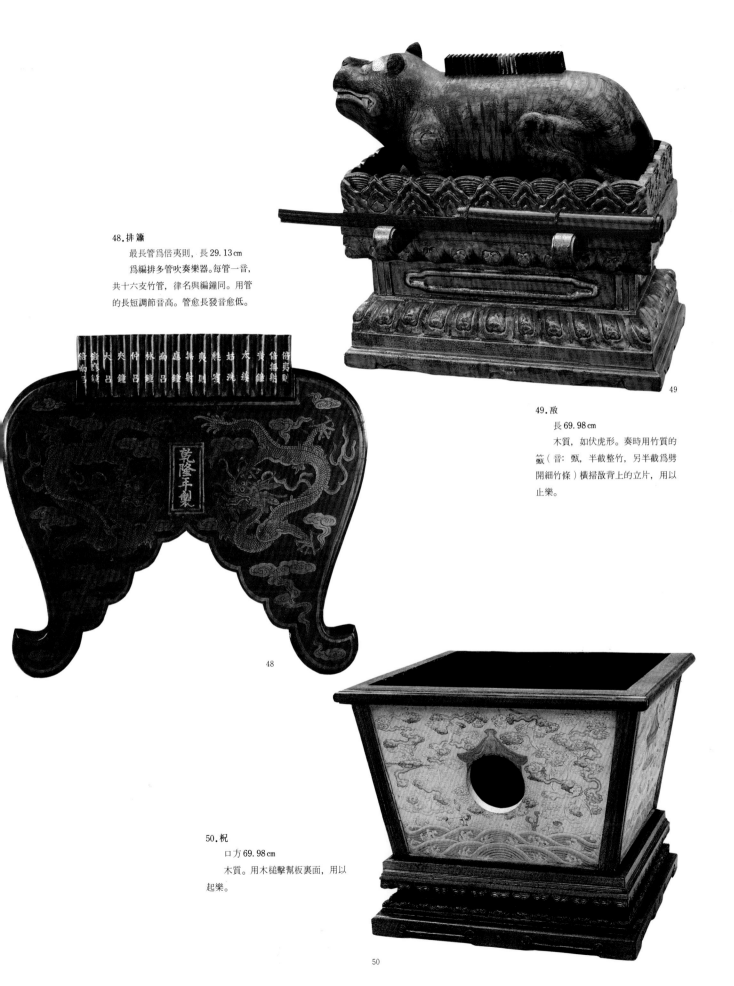

48.排簫
　　最長管爲倍夷則，長 29.13 cm
　　爲編排多管吹奏樂器。每管一音，
共十六支竹管，律名與編鐘同。用管
的長短調節音高。管愈長發音愈低。

48

49

49.敔
　　長 69.98 cm
　　木質，如伏虎形。奏時用竹質的
籈（音：甄，半截整竹，另半截爲劈
開細竹條）横掃敔背上的立片，用以
止樂。

50.柷
　　口方 69.98 cm
　　木質。用木槌擊幫板裏面，用以
起樂。

50

51

52

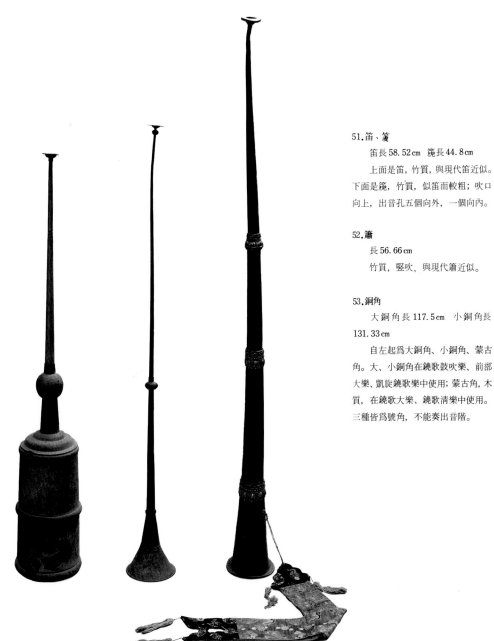

51.笛、篪

笛長 58.52cm　篪長 44.8cm

上面是笛，竹質，與現代笛近似。
下面是篪，竹質，似笛而較粗；吹口
向上，出音孔五個向外，一個向內。

52.簫

長 56.66cm

竹質，豎吹，與現代簫近似。

53.銅角

大銅角長 117.5cm　小銅角長
131.33cm

自左起為大銅角、小銅角、蒙古
角。大、小銅角在鐃歌鼓吹樂、前部
大樂、凱旋鐃歌樂中使用；蒙古角，木
質，在鐃歌大樂、鐃歌清樂中使用。
三種皆為號角，不能奏出音階。

53

54. 笙

　　最長管 44.42 cm

　　與現代笙近似。古代笙爲匏（葫蘆）質，後皆以木代匏。簧片古用薄竹片，清用薄銅片。

55. 畫角

　　長 174.76 cm

　　木質。鐃歌鼓吹樂、前部大樂均用之。吹奏時另有木哨。亦不能奏出音階。

54　　　　　　　　　　55

56

57

58

56.龍鼓

　　面徑 49.15 cm

　　鐃歌鼓吹樂、鹵簿樂中大量使用。每以二十四面爲一組。衆鼓齊鳴，亦頗壯觀。

57.方響

　　丹陛大樂中的敲擊樂器，羣臣行朝會禮時演奏。發音器爲窄長方形鋼板。一簴十六枚，律名與編鐘同。以鋼板的厚薄調節音高，板愈薄發音愈低。鋼板皆長 23.328 cm。

58.琴

　　通長 101.09 cm

　　絲屬樂器。琴面用桐木，底部用梓木製成。共用七根絲弦，粗細各不相同，粗弦爲低音。

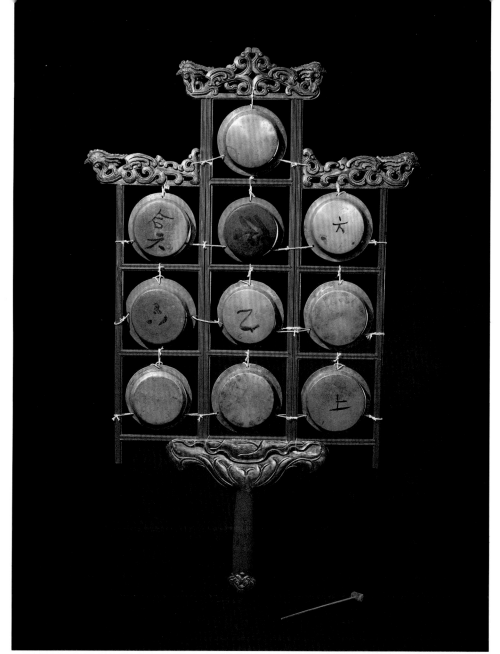

59. 雲鑼

    鑼面外徑 11.29 cm

    丹陛大樂中的敲擊樂器。每架用銅鑼十面。以鑼的薄厚調節音高，鑼愈薄發音愈低。

60. 瑟

    通長 209.95 cm

    絲屬樂器。瑟亦用桐木製，體大於琴，有二十五弦，粗細相同，每弦有柱可移動，以調節音高，弦的振動段愈長發音愈低。

59

60

61. 光緒帝《大婚圖》中的中和韶樂樂隊
圖中所見爲典禮舉行時中和韶
樂樂隊的排列狀況。

政務編

清代皇帝日常處理政務的活動，在官方文獻中稱勤政。其主要項目爲御門聽政，宮中日常視事，御殿視朝（即常朝），御殿傳臚，懋勤殿勾到，接見外國使臣等；並設有處理政務的中樞機構。

清代辦理政務的中樞機構，大部承襲了明代宮廷舊制。爲實行君主集權，朝中政事，除未親政的幼年皇帝及戊戌變法失敗的光緒帝以外，均由皇帝親自裁決。朝廷雖設有議政處、內閣、軍機處等中樞機構，但均爲輔佐皇帝處理政事的機關，不能決定任何大政。軍機處建立前，內閣還可以“議天下之政”，起草皇帝諭旨及重要公文，票擬本章批語，有相當的權力。當時，內外臣工向皇帝報告政務的題本和奏本（通常均稱題奏本章），都要經過通政使司先轉送內閣，由內閣的侍讀官拆封後詳加校閱，並代皇帝對每個題奏本章先草擬出一個批覆或批辦的意見。意見經大學士審定後，再由票簽處的中書官謄清；次日黎明，隨原本一起經由奏事處呈送皇帝閱示。這一套複雜的程序就是內閣的“票擬制度”。

內閣票擬的文字很簡短，一般均爲“某部知道”（或“該部知道”）、“某部速議具奏”、“某部核議具奏”以及“依議”、“知道了”等等。有些事情，內閣一時難以提出肯定的意見，也可票擬出兩、三種以上的不同處理方案，供皇帝裁決時參考。內閣官員接到皇帝的批示後，再用紅筆寫在原奏本章上，稱爲紅本。

到雍正七年（1729年）軍機處建立後，普遍推行了奏摺制度。內外臣工言事，多用奏摺直達皇帝，皇帝親自拆閱批示後，再直接發給具奏者本人按批示執行。內閣的“票擬”只辦理某些例行公事，因此內閣的權力，便逐漸被軍機處取代。

軍機處建立的直接原因，是清朝當時連年用兵西北，軍報及指令往返十分頻繁，須及時傳遞，並加強保守機密。因此，雍正帝特命在隆宗門內臨時設立軍需房（又稱軍機房），派怡親王允祥，大學士張廷玉、蔣廷錫等人入值，專門辦理一切軍需事宜。後不久，軍需房改爲軍機處。雍正帝死後，乾隆帝曾一度廢除軍機處，改設總理事務處，但乾隆三年（1738年）又重新恢復了軍機處。實際上軍機處不僅處理軍務，而且辦理一切重要政務，因此權力愈來愈大。直到清末宣統三年（1911年）四月“責任內閣”成立，秉政一百八十多年的軍機處與內閣纔被廢除。

然而，清統治者爲了防止君權旁落，對軍機處採取了一系列限制措施。例如：軍機處的印信由內廷收藏，需用時，由值班章京親自通過內奏事處“請印”，用畢即行送回。又規定：中央和地方的文武官員都不許將奏報的內容預先告知軍機大臣；軍機大臣只准在軍機處辦理皇帝當日交辦的事情，各部院的事情不得在軍機處辦理；以及各部院大小官員均不得到那裏找本衙門堂官請示事務等。軍機處防範甚嚴，就連軍機章京辦事的值房，也不許閒人窺視，“違者重處不赦”。爲了嚴格執行這些規定，每天都要派一名御史，從旁監視。

皇帝日常處理政務的地方是乾清宮和養心殿。順治、康熙兩代皇帝均在乾清宮臨軒聽政，引見庶僚，批閱章奏。宮內寶座上方懸“正大光明”匾，匾後即存放祕密建儲匣的地方。祕密建儲，是雍正帝鑑於其父廢立太子，以及諸皇子爭位的教訓而創建的。雍正帝以後的乾隆、嘉慶、道光、咸豐各帝均是以祕密建儲的方式即位。咸豐帝由於只有一個兒子，以後兩代又沒有皇子，祕密建儲法也就沒有再實行。

乾清宮前的乾清門，是清代皇帝“御門聽政”的地方。“御門聽政”是封建帝王親到門前，與文武官員一起處理政事，表示勤於政務。明朝每天上朝聽政是在太和門，清朝改在乾清門，舉行時間都在黎明前。清入關後第一個皇帝順治帝，就有“御門之舉”，到康熙帝時，“御門聽政”更加頻繁。許多重大事情，如征討吳三桂叛亂的決策等，都是在“御門聽政”時決定的。雍正帝以後一直沒有間斷。

如遇大風、雨、雪天氣，“御門聽政”也可改期或停止。乾隆二年（1737年）時趕上一次大雨，入奏官都淋濕了，乾隆帝分賞每人兩疋紗，侍衛和執事官各賞一疋。“御門聽政”時，官員是不許遲到的。道光二十六年（1846年）二月，一次因奏事官員未按時到齊，道光帝對遲到的二十多名官員分別給以罰俸二至四年的處分。咸豐初年以後，由於政治腐敗；同治、光緒年間因慈禧太后專權，列國加強侵略，“御門聽政”再也沒有舉行。

清帝的日常視事，主要是批閱摺本，召對臣工、引見庶僚。關於批閱摺本，宮內專設有傳遞上、下行公文的機構，即外奏事處和內奏事處。外奏事處設在乾清門外東側，內奏事處在乾清宮西廡月華門南。

奏事處均由御前大臣兼管。內奏事處由太監組成；內分奏事太監、隨侍太監、記檔太監和使令太監等。外奏事處的奏事官是在六部和內務府的司員中挑選的，主要由領班侍衛、蒙古侍衛、章京和筆帖式（漢譯官名：滿語爲巴克什，掌翻譯滿漢章奏文籍等事）等官員組成。

奏事處接收奏摺（後來也有題本）和傳遞諭旨的過程，據清末記載，大體是：每日零點，各部院派一筆帖式持奏匣至東華門。等開門後，筆帖式隨奏事官將奏匣交外奏事處。等乾清門開啓後，外奏事處送至內奏事處，奏事太監再送御覽。凌晨兩點左右，乾清門有一白紗燈放到階上後不久，奏事官即捧前次經御批的奏摺出門，發還各衙門來人，並分別說明“依議”、“知道了”、“另有旨”等，頗有條理。

此外，奏事處還負責呈遞“膳牌”。清制規定：凡值班奏事及官員請求皇帝召見，必須先由內奏事處太監向皇帝呈遞“膳牌”。但一些在內廷供職的王公大臣，皇帝隨時提出召見（也稱召對），則毋須呈遞膳牌。召見皆在飯後，地點不固定，一般是在甚麼地方進膳，就在甚麼地方召見。

康熙帝死後，雍正帝在月華門外的養心殿守孝二十七個月。孝滿後本應回居乾清宮，但雍正帝認爲那裏是“皇考六十餘年所御”，有“心實不忍”之感，決定重新修葺養心殿，並將寢宮由乾清宮移到養心殿。此後養心殿便成爲皇帝日常處理政務和召對、引見的重要場所。

養心殿分前、後兩殿，中間有穿堂相連。後殿五間是皇帝的寢宮，前殿是皇帝辦理政務的地方。明間正中設有寶座、屏風和御案，是皇帝引見官員的地方。皇帝批閱章奏和與大臣商談政務，多在西暖閣進行。

咸豐十一年（1861年）"辛酉政變"以後，養心殿東暖閣是慈安、慈禧兩宮皇太后"垂簾聽政"的地方。聽政時，同治小皇帝坐在簾前一言不發。慈安皇太后認字不多，平素的作風是"和易少思慮"，"見大臣，吶吶如無語者"，政治上的事情很少過問。起決定性作用的，主要是慈禧太后一人。

關於"垂簾聽政"處理政務的過程有一個很生動的記載。同治七年（1868年）十二月兩江總督曾國藩調任直隸總督時，曾在日記中寫道：入養心殿之東間，皇上向西坐，皇太后在後黃幔之內；慈安太后在南，慈禧太后在北。余入門跪奏稱臣曾某恭請聖安，旋免冠叩頭奏稱臣曾某叩謝天恩畢，起行數步跪於墊上。慈禧太后問："汝在江南事都辦完了？"對："辦完了。"問："勇（兵）都撤完了？"對："都撤完了。"問："遣撤幾多勇？"對："撤的二萬人，留的尚有三萬。"問："何處人多？"對："安徽人多，湖南人也有些，不過數千；安徽人極多。"問："撤得安靜？"對："安靜。"問："你一路來可安靜？"對："路上很安靜，先恐有游勇滋事，却倒平安無事。"問："你出京多少年？"對："臣出京十七年了。"……問："你以前在京，直隸的事自然知道！"對："直隸的事臣也曉得些。"問："直隸甚是空虛，你須好好練兵！"對："臣的才力怕辦不好。"旋叩頭退出。這就是"垂簾聽政"的一般情況。

召見，多單獨進行，禮節可稍隨便。光緒十二年（1886年）慈禧太后召見蒙古活佛章嘉呼圖克圖時，曾召至御座前拉手問候。活佛認爲是特殊的榮耀。但也有特殊情況，即同時召見多人。如同治十三年十二月初二日（1875年1月9日）同治帝死後，慈安、慈禧兩太后於初四日，曾將惇親王奕誴、恭親王奕訢、醇親王奕譞、孚郡王奕譓、惠郡王奕詳，貝勒載治、載澂、公奕謨及御前大臣、軍機大臣、總管內務府大臣、弘德殿行走、南書房行走等二十九人召至養心殿西暖閣，宣佈懿旨：立醇親王奕譞之子載湉繼咸豐帝爲子，入承大統爲嗣皇帝；嗣皇帝生子後，再繼承同治帝。這次召見幾乎將西暖閣跪滿了。

除紫禁城而外，清代皇帝在御園和行宮也處理日常政務，圓明園的勤政殿和避暑山莊的澹泊敬誠殿、烟波致爽殿等處，都是皇帝日常辦事的地方。

引見官員制度，漢朝即有。清朝規定，京官五品以下、外官四品以下，凡是初次任用，或經保舉，或經考核準備升遷的官員，都要陛見皇帝。文官由吏部堂官引領，武官由兵部堂官引領。不定期分批進行。雍正帝以後引見官員多在養心殿進行。引見時，吏部或兵部堂官進殿內至御座旁行禮，被引見的官員只到殿外抱廈之下跪奏姓名履歷，行禮而退。

御殿傳臚，即在太和殿前宣佈登進士名次的典禮。一般每三年舉行一次。皇帝須事先親自審閱前十名的試卷，親定名次，並予引見。考試中式武舉時，皇帝要親自閱試馬步射、弓刀石，並親自圈定前十八名，由侍衛率領至御前跪奏名籍後，再由皇帝親定名次，次日陞殿傳臚。

懋勤殿勾到，亦沿明舊。即每年秋後，皇帝親自審批判決死刑的案件。按清朝刑制規定，判死刑的程序是，先經州或縣初審，然後上報省級，由總督、巡撫擬斷，再報中央三法司（刑部、都察院、大理寺）會審。會審中，先由中級官員反覆覈議，再交九卿（吏、戶、禮、兵、刑、工六部，都察院、通政使司、大理寺堂官）會議通過，最後將案卷報皇帝審查。如判決某人死刑，斬或絞，即在該案犯人姓名上用硃筆畫鈎，稱勾到，或稱勾決。有的案子也並不勾決，待來年再審或改判。判決若於宮內進行，則在乾清宮西廡的懋勤殿；若於圓明園進行，則在正大光明殿東側的洞明堂；若於避暑山莊則在依清曠殿。

這種判決死刑的程序非常慎重，但案件的性質多是較輕的。例如因保護自己父親而誤殺他人之類的案件。至於被認爲是重大的案件，則不遵循這一程序。嘉慶十八年（1813年）天理教北方領袖林清派軍突入禁城失敗，林清被誘捕後，嘉慶帝親自在西苑廷訊，當日即將林清、劉進亭等領導人連同內應太監劉得財、劉金等全部凌遲處死，並將林清的首級傳示於直隸、河南、山東等有天理教起事的地方。完全沒有經過三法司會審、九卿會議等程序。

清王朝與各國的交往，在入關之初，一般依明朝舊例，僅同與中國近隣的朝鮮、越南、日本等國有政務或貿易方面的往來。康熙年間，這種交往逐漸擴大到歐洲國家。並接收了一些歐洲傳教士在欽天監任職。康熙帝親政後，開始利用他們懂漢語及技術方面的特長，發展中國同歐洲國家的關係。康熙帝曾數次派在宮中任職的傳教士，出使俄、法等國，闡述清政府的對外立場，參與對俄國的邊界和貿易談判；並曾爲發展中國的天文和地理科學，求得法國在技術上的援助；清宮很多儀器、鐘錶、玩具等都是從歐洲運來的。但此後不久，由於羅馬教皇干預中國內政，使清王朝與歐洲各國的交往發生了逆轉。對傳教士的活動也予以不同程度的限制。但作爲民間往來，貿易關係仍然繼續着。

清朝中期，乾隆、嘉慶諸帝以"天朝"自居，不識國際時務，不能應付日趨複雜的國際關係。第一次鴉片戰爭（1840年）以後，中國在列強的不斷侵略下，逐漸淪爲半封建半殖民地社會，在國際事務中再難保持獨立自主的地位。但民間某些正當的貿易往來，却一直沒有中斷。

62. 乾清門夜景

乾清門是內廷的正門，初建於明永樂年間。門外東、西的矮房是外奏事處和軍機值房。門內正對乾清宮，左、右是侍衛值房、宮殿監辦事處及內奏事處等重要機構；康熙、雍正時期建立的南書房和上書房也設在這裹。乾清門在清代政治上最重要的作用，是皇帝按時在這裹舉行"御門聽政"。

每次"御門聽政"都是皇帝事先傳旨內閣，由內閣傳知在京各部院衙門，各部院官員將要進奏的摺本先裝在奏匣內，準備到時當面呈奏。

舉行"御門聽政"之前，乾清門的首領太監將皇帝寶座、屏風陳放在乾清門的正中，寶座前放一黃案，黃案前再放一氈墊，給進奏官員跪拜奏事用。乾清門侍衛在寶座前左右翼立；丹陛以下，有領侍衛內大臣、內大臣、豹尾班及侍衛執槍佩刀分左右相對而立。各部院前來奏事的官員在朝房恭候。皇帝到來之前，先傳旨。這些官員得旨後，馬上到乾清門階下按次序分東、西相向而立。記注官、翰林、科道官等也都到規定的地方站好。皇帝陞寶座後，各部院奏事官依次將奏匣放在黃案上，再跪向皇帝陳奏自己要奏明的事情，當面聽候皇帝的旨意。若奏機要之事，科道官及侍衛等皆退場，大學士、學士陞階，由滿族內閣學士跪奏，皇帝降旨遵行。

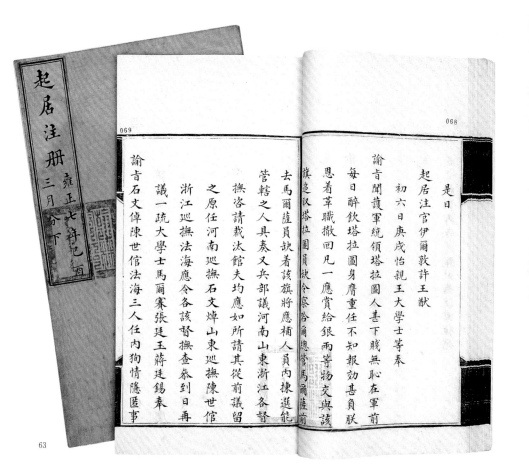

63.《起居注》

　　是皇帝言行起居的檔册。早在漢武帝時即有《禁中起居注》，以後歷代相沿。唐、宋時的《起居注》記載最詳，是編修歷史的重要資料。清代設有起居注館，內有專掌記注之事的起居注官。清代《起居注》記載的內容主要是政務，包括皇帝的起居、頒發的諭旨、批閱的題奏本章和接見的各類官員等。此外，清代還有一種《內起居注》，又稱《小起居注》，專門記載皇帝在後宮活動及日常祭祀等事情。

63

64

64.“敕命之寶”印文

　　左部為滿文，右部為漢文。

65.“敕命之寶”

　　方11.2cm

　　乾隆帝規定的二十五寶之一。碧玉質，交龍鈕。皇帝頒發文書時用。

65

66.康熙帝朝服像

　　縱306cm　橫220cm

　　康熙帝名玄燁，是清入關後第二
代皇帝，爲順治帝的第三子。順治十
一年（1654年）生於景仁宮，生母是
孝康章皇后。八歲繼位，由四大臣輔
政。十二歲大婚，康熙六年（1667年）
七月親政，六十一年（1722年）死於
暢春園，享年六十九歲。康熙帝是清
代一位很有作爲的皇帝，執政期間，
使全國的政治、經濟和文化都有很大
發展，邊疆也得到進一步鞏固，開創
了清代著名的"康雍乾盛世"。

66

67

67. 建儲匣

　　雍正以後，清代採取祕密建儲的方法，確定未來皇位繼承人。即皇帝親書繼位皇子名字密詔兩份，一份帶在身邊，一份封存建儲匣內。建儲匣放在乾清宮正間寶座上方懸掛的"正大光明"匾後。皇帝死後，顧命大臣共同打開兩份密詔，會同廷臣驗看，由密詔內所立的皇儲繼承皇位。

68

68. 乾清宮外景

　　乾清宮始建於明代，清入關後，重新修葺。順、康年間，這裏是皇帝的寢宮和日常處理政務的重要場所。雍正以後，皇帝日常活動的中心移到養心殿。這裏的政務活動遂減少，多用於舉行內廷典禮或筵宴。每逢元旦、冬至、除夕及萬壽等節日，皇帝都要在這裏舉行內朝禮和家宴，或曲宴廷臣，宴上君臣還聯句賦詩。康熙六十一年（1722年）和乾隆五十年（1785年）的兩次千叟宴也是在這裏舉行的。

69. 乾清宮內景

　　正間是皇帝日常處理政務、引見大臣和接見外國使臣的地方。東、西暖閣是皇帝召見官員和批閱章奏之所。

69

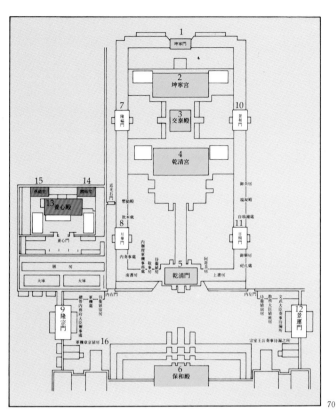

70.乾清宮廊房、軍機值房及養心殿
   等處位置示意圖

71.養心殿外景
   養心殿建於明代。清康熙年間,這
裏是宮廷辦處。雍正帝繼位後重新
修建,並將寢宮自乾清宮移到這裏。
從此,養心殿成了皇帝日常活動的重
要場所。清朝有三個皇帝死在這裏。
宣統三年十二月廿五日(1912年2月
12日),末代皇帝溥儀的退位詔書,
就是隆裕皇太后在這裏簽署的。

72.養心殿正間
   室內正中設寶座、御案和屏風。自
雍正帝後,這裏和乾清宮正間一樣,
是皇帝召見大臣,引見官員的地方。

73. 雍正帝朝服像

　　雍正帝名胤禛,是清入關後第三代皇帝,爲康熙帝第四子。康熙十七年(1678年)生於宮內,生母是孝恭仁皇后。四十五歲繼帝位。雍正十三年(1735年)死於圓明園,時年五十八歲。雍正帝是繼承康熙帝之後又一個有作爲的皇帝。他在位時間雖短,但在"康雍乾盛世"中,所推行的政策起了承上啟下的重要作用。

74

74.軍機墊和皇帝辦事用的文房四寶

　　大臣朝見皇帝下跪時用的墊子，清宮俗稱軍機墊。平時，一摞這樣的墊子放在養心殿進門靠右角處。每當大臣朝見皇帝，都跪在墊子上行禮，聽候皇帝的指示。

75

76

75.紅、綠頭簽

　　官員要求覲見皇帝，必須呈遞寫有官員姓名、官銜的竹製紅、綠頭簽（因為是在皇帝進膳前呈遞，所以又稱"膳牌"）。皇帝飯後看簽，決定是否召見。宗室、王公用紅頭簽，其他大臣用綠頭簽。

76.引見單

　　每逢官員升遷、調補或任期到一定年限時，主管衙門都要將官員領到養心殿（或乾清宮）覲見皇帝。這種儀式一般稱作"引見"。引見前先要呈報一份名單，稱引見單。引見後，皇帝對官員的評語，也就寫在引見單上。

77. 養心殿西暖閣

　　雍正帝至咸豐帝時，多在這裏召見軍機大臣，商談機要大事。室內御座前的御案和文房四寶，都是皇帝批閱奏章時的用具。

78. 避暑山莊烟波致爽殿

　　清帝在御園及離宮均設有辦事處所。避暑山莊內的烟波致爽殿，既是寢宮又是辦事處所。咸豐帝病危時，即在此召見御前大臣載垣、軍機大臣穆蔭等，交代完後事，即死於殿內。

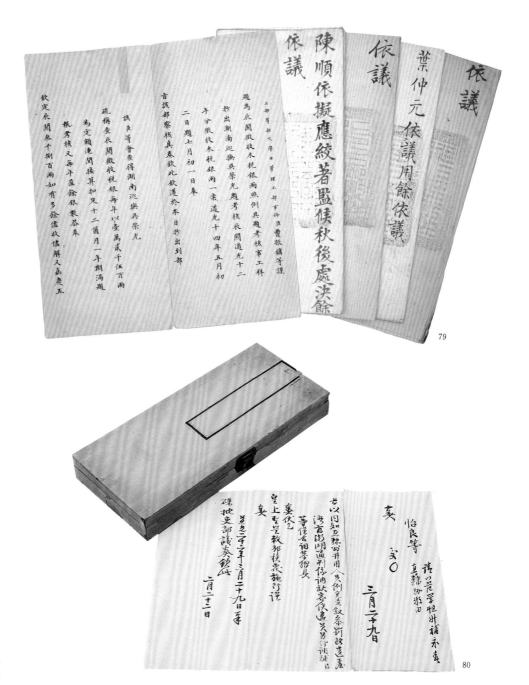

79. 題本

是官員向皇帝奏報一般政務的文書之一。題本在制度上規定須鈐本衙門官印。

80. 奏摺和奏匣

官員向皇帝奏報機要事件，或奏本身私事用的文書稱奏摺。這種文書在制度上規定不許鈐印，在傳遞方式上不用經過內閣票擬。奏摺一般要裝在奏匣內呈遞，皇帝批閱後，再隨奏匣一起交還具奏人，按皇帝的批示執行。

81. 硃批奏摺

經皇帝用硃筆批閱過的奏摺，均稱硃批奏摺。這是雍正朝的硃批奏摺。

82.軍機值房

清代軍機處沒有辦事衙門，只有軍機大臣值房，在隆宗門內。軍機大臣分兩班輪流當值，隨時等候皇帝召見，辦理皇帝交辦的一切事務。因為是輪班用的值房，室內佈置比較簡單，除必備的辦公用品和供休息的設備外，幾乎沒有其他陳設。

83.軍機章京值房外景

軍機章京，為軍機處辦事人員，亦稱小軍機。其值房在隆宗門內迤南，與軍機處隔街相對。

乾隆十八年三月二十一日奉

旨考績古制也前因部院大臣及各省督撫屆期循

例自陳近於故套且皆朕所深知量其材具隨時

黜陟何待三年四降旨傳止其四五品堂官特派

王大臣驗看奏准三品京堂已列大條既不可如

沛自陳萬奏益交吏部通行考核勢必無所殿

即偶有奏議本不過拘牽成例僅就十二字義分

別者華縱不率徇情舞弊而調義輕重或籍

以高下共手究未必能確按各員事蹟秉公覈寬

於黜幽陟明之義何裨焉未足名實雖非尚書

待即可比顧其居心行事供在朕燭照之中今該

部開具事實節親審核遂加詳定庶得其真此次

吏部所進各官事宜清招內如李世倬者

久居班列有妨後進遷次之階亦非澄敘官方之

旅進旅退即姑容延荷數年未始不可但使京庸者

道李世倬文保俱著以原品休致餘者照舊供職

欽此

84.漢文廷寄

85.滿文廷寄

　　皇帝的諭旨應由內閣發出。自雍正七年（1729年）軍機處設立以後，許多諭旨都由軍機大臣代皇帝草擬，呈覽後由軍機處直接封交驛站發出。這樣的諭旨稱廷寄，或稱軍機大臣字寄。廷寄一般是發給經略、大將軍、欽差大臣、參贊大臣、將軍、都統、副都統、辦事大臣、總督、巡撫、學政等官員的。廷寄是清朝更走向皇帝專權的一項重要措施。

86. 養心殿東暖閣

　　清朝後期的同治、光緒年間，這裏是慈禧太后"垂簾聽政"和召對臣工的地方。現時陳設仍保存原貌。圖中所見是西太后"垂簾聽政"時用的紗簾和寶座。

87

88

87. "御賞"、"同道堂"印

　　"御賞"印：高5.1cm　長1.9cm
寬1cm

　　"同道堂"印：高7.8cm　長2cm
寬2cm

　　"御賞"和"同道堂"是咸豐帝
生前隨身佩帶的兩枚閑章。"御賞"
章是田黃石，朱文。"同道堂"章是
壽山石，白文。咸豐帝死前，將"御
賞"章賜給皇后鈕祜祿氏，即慈安太
后；將"同道堂"章賜給了他唯一的
兒子小皇帝載淳。當時載淳年幼，這
枚印章就落到生母葉赫那拉氏，即慈
禧太后手裏。此後，經過一場宮廷政
變，慈禧、慈安兩宮皇太后從肅順等
輔政大臣手裏，奪得了簽發上諭的權
力。自此，上諭的首尾，必須鈐有代
表慈安太后的"御賞"和代表慈禧太
后的"同道堂"印才能生效。

88. "御賞"、"同道堂"印文

89. 鈐有"御賞"、"同道堂"印的上諭

上諭閻敬銘奏請將庸劣不職之鹽場各員分別革
職休致一摺山東永利場大使范春城永阜場大
使彤塀於該場鹽垣濠塹並不隨時飭商修理致
啟梟匪窺伺之心聲名亦甚平常均著即行革職
宮臺場大使姚德用年已七旬辦事昏憒著以原
品休致以上各員均有未完竈課著先行撤任予
限三月協同接任之員趕緊徵繳儻逾限不完即
著嚴參治罪餘著照所議辦理該部知道欽此

同治二年十月初二日內閣奉

89

90

91

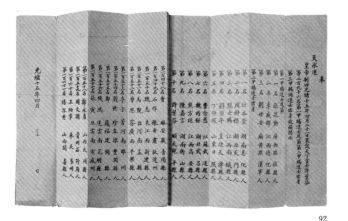

92

90. 殿試試卷內頁

91. 殿試試卷

清代選拔官員是通過科舉考試制度。殿試是科舉考試制度最高的一級，在保和殿舉行，由皇帝親自定題，閱卷大臣看卷。殿試後按考試成績分三甲。一甲三名，賜進士及第；二甲無定額，賜進士出身；三甲無定額，賜同進士出身。一甲第一名稱狀元，第二名稱榜眼，第三名稱探花。選定後，在太和殿院內傳臚，即當眾宣佈考試結果，然後由禮部張金榜於長安左門外。

92. 小金榜

公佈進士名次的金榜有大小兩種。大金榜於傳臚後張掛在長安左門外，小金榜則是傳臚時用的底冊。

93. 清帝退位詔書

1911年10月（宣統三年八月）武昌起義，辛亥革命爆發。1912年元旦，中華民國臨時政府在南京宣告成立。同年2月12日（宣統三年十二月廿五日）清遜帝溥儀宣告退位，從此結束了中國兩千多年的君主制度。

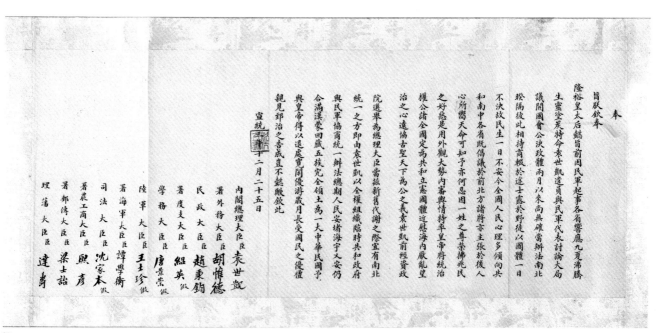

93

94

94. 銅鍍金天文望遠鏡

清晚期製造，供清宮廷使用。儀器的設計、安整及調節機關都與以前不同，表現了近代製造天文儀器技術的革新。

95. 觀象臺黃道經緯儀

順、康年間，清朝發生了一起轟動朝野的曆法案。欽天監官員、德國傳教士湯若望（Johann Adam Schall von Bell，1591－1666）與比利時傳教士南懷仁（Ferdinand Verbiest，1623－1688）等，受朝中保守勢力誣陷，被輔政大臣鰲拜羅織罪名，拘入監獄。康熙帝長大後，在親政前夕，不顧鰲拜的專橫，重審此案，肯定了湯、南等人在欽天監的工作，恢復他們的官職。南懷仁為表達自己感激之情，於康熙十二年（1673年）製成天體儀等六架大型天文儀器獻給康熙帝，陳於京城東南的觀象臺上。這是其中之一。儀器以兩條銅鑄蛟龍承托，三重四圈，造型精美，刻度準確，主要用於測定天體的黃經差、黃緯和及二十四節氣。

95

96

96. 銀鍍金渾天儀

康熙八年(1669年)由南懷仁監製。為其在皇宮造辦處監製天文儀器中較早的一件。供康熙帝學習使用。儀器的構造同中國古代渾天儀。環面刻度均採用西洋新法。因專為皇帝製造，儀器一側施銘文“康熙八年仲夏臣南懷仁等製”。

97.《皇輿全圖》

康熙帝為征戰和巡狩之便，派宮中任職的法國傳教士白晉（Joachim Bouvet，1656－1730）和中國數學、天文學家何國棟等人組織探測隊，花二十多年時間，勘察遼闊的中原大地，繪製了規模空前的《皇輿全圖》。由於這份地圖標示的方位準確，繪製清晰，並測出珠穆朗瑪峯的高度，還從實踐上證實了牛頓（Isaac Newton，1642－1727）關於地球為橢圓形的學說，成為當時亞洲最精確的地圖。

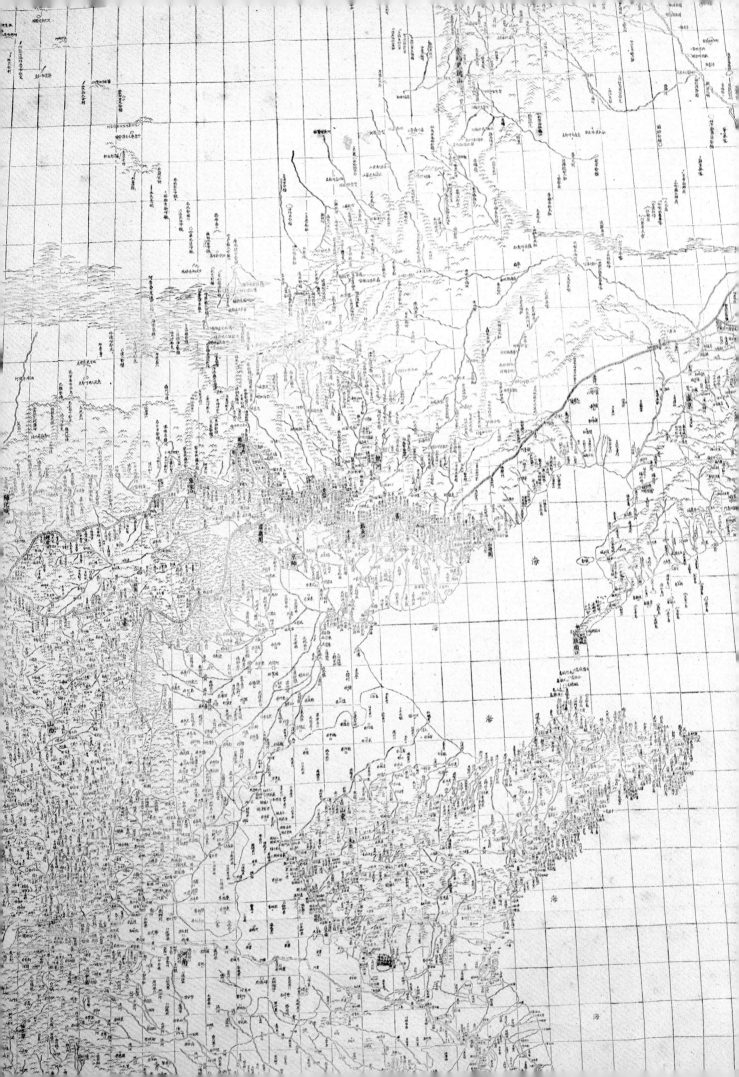

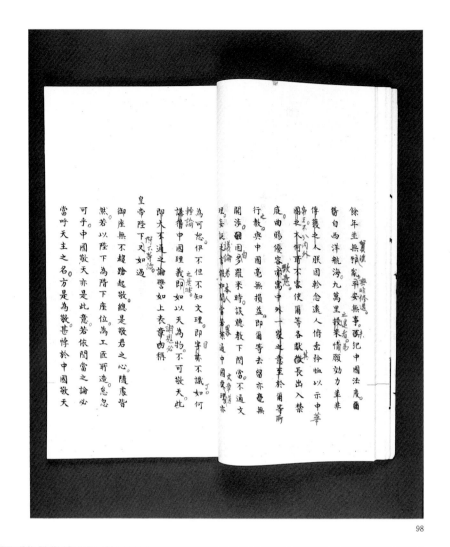

98

98. 康熙帝《致羅馬關係文書》

康熙年間，在華傳教士就中國教徒是否可以遵行傳統祭孔、祭祖禮的問題，發生爭議。羅馬教皇得知後，派特使前來中國，宣佈禁行祭祖的命令。康熙帝爲維護中國傳統，多次致函羅馬，抗議干涉中國內政。

99. 艾啟蒙繪《十駿犬圖》之一

每幅縱 25.2 cm 橫 30 cm

清代在宮中任職的歐洲傳教士，以康、乾兩朝人數最多。他們或任欽天監官員，或任宮內畫師、醫生、樂師、翻譯。艾啟蒙（Ignatius Sickeltant, 1708—1780）爲波希米亞（今捷克斯洛伐克西部地區）人，乾隆十年（1745年）入宮任畫師。《十駿犬圖》中的西洋獵犬，都是乾隆帝圍獵時攜帶的。

100.日本七寶燒瓶
高 120 cm
晚清進入宮廷。

101.英國座鐘
　　歐洲鐘錶自明代萬曆年間，由意
大利傳教士利瑪竇（Matteo Ricci,
1552－1610）傳入中國宮廷後，深得
各帝后喜愛。入清以後，歐洲國家使臣
來華，多以鐘錶作爲覲見中國帝王的
禮品。

101

武備編

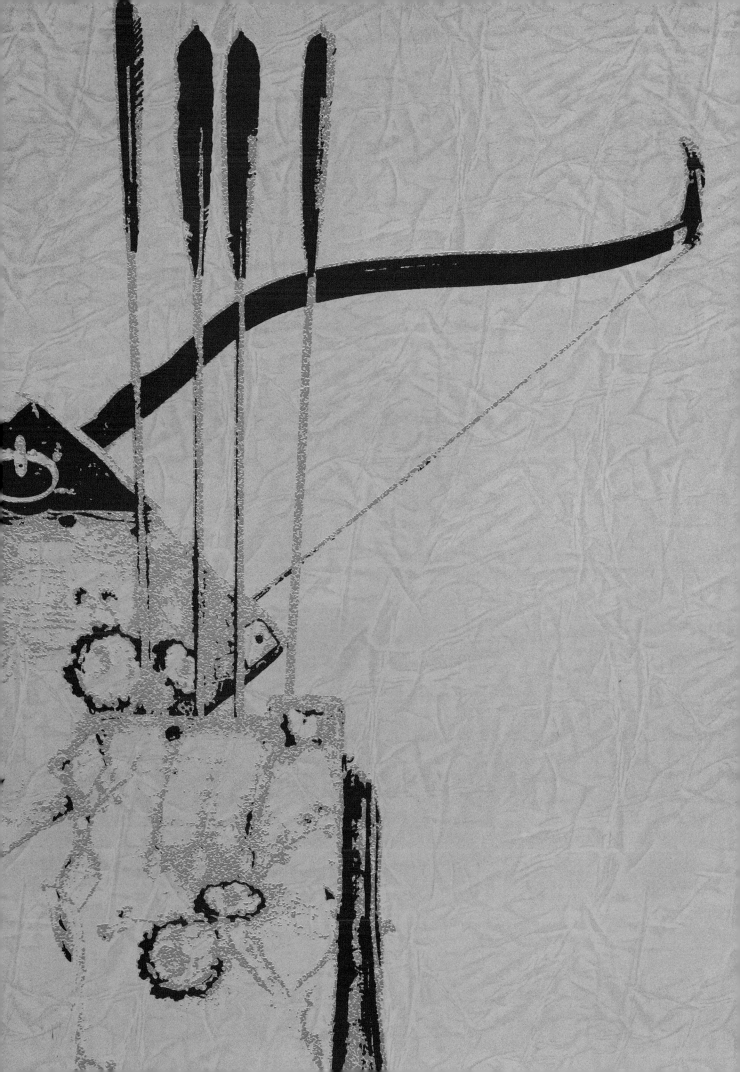

滿族人在關外時，主要以畜牧、游獵爲生。因此，揚鞭策馬，彎弓射箭，幾乎是每個成年男子必備的本領。加之努爾哈赤爲狩獵和軍事行動的方便，創建了兵民合一的八旗制度，騎射更成爲每個旗民的必修之課。這種生產方式和社會制度爲清王朝造就了成千上萬能騎善射的將士。這些將士在努爾哈赤和皇太極創建清王朝的過程中，貢獻重大。於是，騎射尚武，被清朝諸帝奉爲“滿洲根本”、“先正遺風”。

太宗皇太極曾明確指出騎射尚武與清王朝生死存亡的關係。入關前，有些儒臣認爲應進一步吸收明朝的長處，提出更改滿洲衣冠，仿效漢人服飾的建議。皇太極在盛京翔鳳樓召集諸王大臣，先給大家講述一番金朝懈廢騎射，以致亡國的歷史教訓。然後針對儒臣更改衣冠的建議，提出反問：“如我等於此聚集，寬衣大袖，左佩弓，右挾矢；忽遇碩翁科羅巴圖魯（滿語：鷙一般的勇士）勞薩（人名）挺身突入，我等能禦之乎？”雖然皇太極並未因此定立具體的制度，但也表明了立場，反對廢棄騎射。

清初，順治、康熙、雍正、乾隆諸帝，作爲皇太極的子孫，確實沒有辜負他的期望，先後採取了多種措施，以保持騎射傳統不至丟棄。首先是加強皇子宗室、八旗貴胄勿忘騎射傳統的教育。順治帝曾規定，十歲以上的親王至閑散宗室，每隔十天到校場進行一次騎射演習。對二十歲以上有品秩的宗室要求更嚴，指定他們每年春秋要戴盔披甲，參加宗人府舉行的弓馬考試；並授權宗人府對態度怠惰、成績低劣者進行參處。順治帝對自己的兒子也毫不寬縱，特爲幼小的玄燁（後來的康熙帝）選擇了技藝高超的侍衛默爾根做老師，訓練玄燁騎射，像讀書作字一樣“日有課程”。玄燁稍有不合要求，默爾根即直接指出。在這樣嚴格的訓練下，玄燁練就一身好武功，能用長箭，挽強弓，策馬射侯（布靶）十有九中。玄燁即位成年後，曾帶着感激的心情回憶：“朕於諸事諳練者，皆默爾根之功，迄今猶念其誠實忠直，未嘗忘也。”

自幼開始嚴格的騎射教育，爲康熙帝日後治國治民提供了諸多方便。康熙帝深感掌握騎射武功，是保持滿洲貴族優勢的一個重要條件。而諸皇子因生長深宮，驕逸自安，又沒有受到嚴格的訓練，滿語和騎射已漸成負擔。康熙帝爲使清王朝崇尚武功的方針傳之久遠，不惜花費大量的時間和精力，親自爲諸皇子督課，命他們黎明上殿背誦經書，繼而練習騎射，天天如此，從不間斷。康熙帝本人也常常率領衆皇子和侍衛大臣，到西苑紫光閣前練習校射。

對普通八旗子弟，康熙帝也採取了相應的措施。清入關以後，很多旗員見應舉赴考升遷較快，紛紛放棄武功，爭趨文事。騎射傳統已漸有喪失殆盡的危險。康熙帝便在鼓勵八旗子弟報考文場的同時，特命兵部先行考試滿語和騎射。只有弓馬合格者方准入闈，以示不忘尚武之本。此外，康熙帝又大大提高武試人員的地位。自康熙二十九年（1690年）後，每當在紫光閣前考試武進士騎射、刀、石時，康熙帝都親自拔擢其中弓馬嫺熟、武藝高超者充任御前侍衛，附入上三旗。雍正年間明文規定：漢武進士一甲第一名（狀元）授一等侍衛，第二、

三名授二等侍衛。對習武的人來說，擔任御前侍衛，是難得的榮耀。

確立大閱、行圍制度，是清王朝崇尚武功，倡導騎射之風的又一重要措施。大閱典禮，每三年舉行一次。皇帝要全面檢閱王朝的軍事裝備和士兵的武功技藝。八旗軍隊則各按旗分，依次在皇帝面前表演火炮、鳥槍、騎射、佈陣、雲梯等各種技藝。清除以大閱這種形式來訓練八旗軍隊外，也把大閱視爲向各族首領炫耀武力的機會。康熙二十四年（1685年），蒙古喀爾喀諸部台吉（清廷賜封蒙古部落的爵號）進京朝貢，康熙帝特命舉行大閱，演習一批新型火炮，並全副武裝來到舉行大閱的王家嶺。參加檢閱的十幾萬八旗官兵，早已陳兵列隊於山坡谷底。康熙帝陞座後，軍中響起螺號聲，接着紅旗飛揚，排炮並發。幾百門大炮相繼轟鳴，場內的靶侯隨聲而倒，場面十分壯觀。隨同康熙帝參加大閱的蒙古各部落王公，從未見過如此陣勢，不免呈現驚懼之色。康熙帝十分得意，但却假作安慰：“閱兵乃本朝舊制，歲以爲常，無足驚懼也。”

自康熙二十一年（1682年）起，康熙帝每年都用田獵組織幾次大規模的軍事演習，以訓練八旗軍隊的實戰本領。或獵於邊牆、或田於塞外，四、五十年來，從未中斷。對皇帝這樣不辭勞苦，每年往復奔波於長城內外，不少朝臣困惑不解。有人甚至以“勞苦軍士”爲由，上疏反對。這種與尚武之風背道而馳的奏疏，自然遭到康熙帝的拒絕。他不但一如既往進行大規模軍事訓練，而且爲平息蒙、藏地區的動亂，還數次領兵親征寧夏、內蒙。有一次康熙帝率軍行至呼和浩特，遇到風雪交加的惡劣天氣，行營處早已準備好御營，但康熙帝爲鼓舞士氣，却身披雨衣，佇立曠野，直到幾十萬大軍全部安營紮寨，才入營用膳。事實證明，由於康熙帝不忘武備，勤於訓練，八旗軍隊才能在平定三藩、收復臺灣等戰役中，獲得輝煌的戰績。康熙帝晚年曾以滿意的心情回憶這段往事：“若聽信從前條奏之言，憚於勞苦，不加訓練，又何能遠征萬里之外而滅賊立功乎？”

爲了進一步提高八旗軍隊的習武技能，清初諸帝還設立了善撲營、虎槍營、火器營等特殊兵種。專門演習摔跤、射箭、刺虎以及操演槍炮等。康熙初年，輔政大臣鰲拜專權跋扈，康熙帝就是借助一批年少有力、又善撲擊之戲的衛士，除掉權臣鰲拜。此後，正式設立相撲營。每當皇帝在西苑紫光閣賜宴蒙古藩王或親試武進士弓、馬、刀、石時，均由善撲營表演相撲、勇射，並爲武進士預備弓、石。

火器營是隨着八旗軍隊中，鳥槍火炮的數量不斷增多而設置的。早在關外時，八旗軍隊就開始使用槍炮。被他們稱爲“紅衣大炮”的火器，大多是從明軍手中繳獲的。幾十年後，康熙帝在平定三藩叛亂時，才發現庫存火炮的數量和質量，都已無法應付大規模的戰爭。當時清王朝中並無兵器專家，康熙帝只好任命在欽天監供職的比利時傳教士南懷仁試製新炮。南懷仁不敢違命，運用在歐洲學到的全部物理、化學、機械等方面的知識，絞盡腦汁，設計並製成新型火炮三百二十門。康熙帝對南懷仁製炮一直十分關注，視新式武器爲決定戰爭勝負

的重要因素，因此在蘆溝橋試炮時，親臨現場觀看。這次試炮非常成功，每門大炮的命中率都很高。康熙帝十分高興，當場賜新型火炮一個威風凜凜的名字："神威無敵大將軍"，並在炮場賜宴八旗官員。康熙帝充分肯定南懷仁製炮的功績，解下自己的貂裘賞給南懷仁，又破格提拔這個外國傳教士為二品工部右侍郎。隨着戰爭的深入，槍炮的需求量越來越大，使用火器的士兵也越來越多，於是康熙帝將這批人組織起來，設立了火器營，共轄官兵近八千人。使用鳥槍火炮等較進步武器，無疑有促進在八旗軍隊中倡導尚武之風的作用。

儘管清初諸帝十分重視對子孫後代的騎射傳統教育，但驕奢淫逸的生活，承平安定的環境，卻使宗室王公的成績每況愈下。到乾隆年間，有不少王公貴族已不會講滿語，弓馬技術也很平常。乾隆帝對此十分惱怒，下令宗人府每月要考察宗室王公子弟一次，"若猶有不能講滿語，其在宗學者，着將宗人府王公等及教習一並治罪，其在家讀書者，將伊父兄一並治罪"。對宗室王公，乾隆帝則親自指派皇子或御前大臣主持，每季進行一次滿語和騎射的考試。乾隆帝時，特命在紫禁城中興建練習騎射的箭亭一座，並在箭亭、紫光閣及侍衛教場等練武場所刻石立碑，教育子孫後代永遠銘記嫻熟騎射、精通滿語的尚武傳統。

清朝皇帝重視武功騎射，是考慮到王朝社稷的命運；為了自身的安全，更重視宮廷的防衛。

清代宮廷禁衛，有侍衛處、護軍營、前鋒營諸兵種。侍衛處侍衛因直接警衛皇帝，所以備受重視，品級也較高。一等侍衛正三品，相當於順天府尹；二等侍衛正四品，三等侍衛正五品，也相當於各部院司長。擔任侍衛的人員，都選自皇帝親轄的上三旗。其中武藝高強，品貌端正的任御前侍衛，其餘多數分成內外兩班。內班宿衛乾清門、內右門、神武門、寧壽門；外班宿衛太和門。儘管八旗兵是清王朝的主要軍事力量，但對皇帝來說，卻有親轄的上三旗和諸王分轄的下五旗親疏之分。這種區別也反映到宮廷禁衛制度中。紫禁城內各門，除最核心的部分由侍衛處警衛外，其餘諸門，如午門、東西華門、神武門等，均由護軍營和前鋒營中屬上三旗的官兵負責。禁城外，如大清門、天安門、端門等，就都交給下五旗去把守了。保衛宮廷安全，是侍衛處、護軍營和前鋒營的第一任務。他們人數眾多，武器精良，僅護軍官兵每天每班就多達五百二十五人。在設有禁軍值宿的紫禁城內外各門，都配備弓箭、撒袋、長槍等軍器，要求弓弦每天張弛，槍箭十天一磨，武器終年見新。

紫禁城是帝后妃嬪的生活重地，又是清王朝最大的辦事機構。每天出入禁城的，上至王公大臣，下至工匠廚役，人員繁雜，人數眾多。縱有深池高牆，也難免發生差錯。為了加強宮廷禁衛，皇帝也訂立了許多具體制度。在紫禁城門外有下馬碑，要求官員人等到此下馬，停帶護衛。只允許親王、郡王、貝勒各帶兩名護衛入朝。對入朝辦事的大臣，也按不同等級和類別，限定各自行走的大門。如皇帝走午門中門，宗室王公走右門，其他官員走左門；內大臣及內監工役等走東、西華門和神武門側門。禁城之內，御前侍衛、南書房大臣等，因與皇帝最為接近，可出入乾清門。御前大臣、軍機處大臣等走內右門。禁城周圍的每座大門還設手執紅杖的護衛三名，更番輪坐門旁，親王經過亦不起立，有不報名擅入者，即以紅杖責打。另有專人查核出入此門的官員姓名。對在宮中供役的蘇拉（雜役）、工匠、廚師等，又另有查核的辦法。即由各管理衙門發給記有姓名、旗分及本人特徵的腰牌，作為出入禁門的憑證。門上並有底冊以供核對。

入夜之後，宮廷防衛更為嚴密。出入禁門，須持有"聖旨"字樣的陽文合符與各門持有的陰文合符相吻合才能開門放行。巡更有"傳籌"之制，即由值班護軍圍繞禁城依次傳遞一根長約一尺的木棒（即籌），循環往復，終夜不絕。傳籌經過宮中的主要大門和通道，以檢查各處的值更人員，防止有人玩忽職守。

儘管宮廷防衛森嚴，還是多次發生過使皇帝震驚的事情。乾隆二十三年（1758年）六月，有個僧人手持腰刀，隻身闖入東華門。在場值班護軍有數十人，都被僧人咄咄逼人的氣勢唬佳，竟無一人敢上前攔阻。直到僧人行至協和門，才被幾個護軍擒獲。乾隆帝得知此事後，深感防衛制度懈弛，禁軍怯懦無能。他怒斥護軍"守禦多人，竟不能一為阻攔！如軍前遇敵，諒不過惟怯奔潰而已！"並下令將這一上諭製成木牌，懸掛在各進班之處，以示訓誡。

嘉慶年間，還發生了兩件直接危及皇帝生命安全和宮闈安全的大事。嘉慶八年（1803年）閏二月，曾在御膳房供役的陳德因生活困苦，不堪忍受，帶兒子潛入宮中，乘嘉慶帝回宮進入神武門之機，手執小刀上前行刺。在場的一百多名護軍，個個不知所措，只有御前侍衛等六人敢上前與陳德搏鬥，最後縛住陳德，但也被扎傷多處。嘉慶帝為此惶恐不安，急忙下令稽查宮廷門禁制度，又命重製乾隆二十三年上諭木牌，同時將他本人訓誡護軍的上諭也製成木牌，一並懸掛於各進班之所。似乎這樣一來就能制止侵犯宮廷事件的發生。然而事與願違，十年後又發生更加令人震驚的事件。天理教一支小規模的農民起義軍，以太監作內應，乘朝中大臣都到京東迎駕之機，從東、西華門闖入紫禁城，直趨皇帝寢宮養心殿。當時嘉慶帝雖不在宮中，起義軍也因人少力單很快就被打敗，但嘉慶帝仍然驚呼此為"漢唐宋明未有之事。"回宮途中即不得不發出"罪己詔"。

隨着清王朝的日益腐朽沒落，紫禁城的防衛也如江河日下。到同治、光緒時期，又發生端門被竊軍械，慈寧宮丟失銅鏈等失竊事件。靠近禁城四門之地，竟常有買賣食貨的小販私行往來。至於冒名頂替，混入宮內的就更是屢見不鮮了。慈禧太后、光緒帝除哀嘆"成法日久廢弛"令禁軍應"嚴密梭巡"外，則根本無力整飭軍紀了。

102.紫光閣

紫光閣位於西苑（今北京的北海、中海和南海）太液池西岸。明中期稱平臺，後改名紫光閣，是清代一座主要用於武事的殿閣。中秋，皇帝有時於閣前集上三旗侍衞大臣校射。殿試武進士時，皇帝於閣前閱試武進士馬射與步射。

103.《紫光閣賜宴圖》

縱45.8cm　橫486.5cm

乾隆時期，因取得幾項重大的軍事勝利，乾隆帝特命重修紫光閣。乾隆二十六年（1761年）正月，新修的紫光閣落成，乾隆帝在閣內設宴慶功，並命畫師姚文瀚等爲立有戰功的文臣武將畫像，親自作贊詩，懸掛於閣內。

102

103

104

　　清王朝以武功得天下，視騎射爲
"滿洲根本"。爲保持"先王遺風"，
鞏固和加強清王朝的統治，乾隆帝於
十七年（1752年）和二十四年（1759
年）兩次頒發諭旨，要求八旗大臣勤
於騎射，嫻熟滿語。後將乾隆十七年
的諭旨刻碑數通，分別立於宮內箭亭、
西苑紫光閣、侍衛校場及八旗教場，作
爲訓戒。

105.紫光閣碑搨片

105

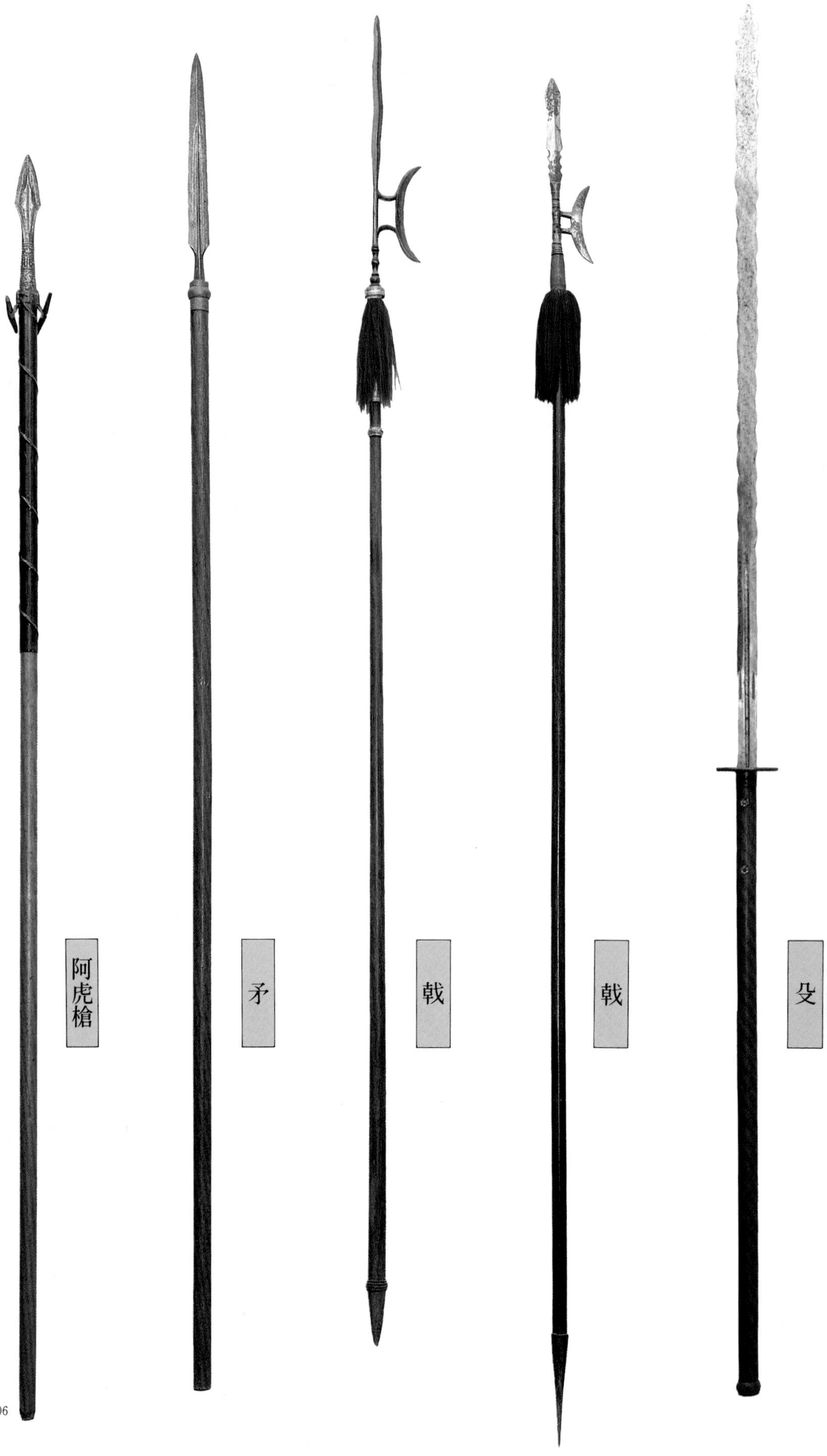

阿虎槍　矛　戟　戟　殳

106.清代習武兵器
自左起為阿虎槍、矛、戟、殳、
偃月刀、鐺。

106

78

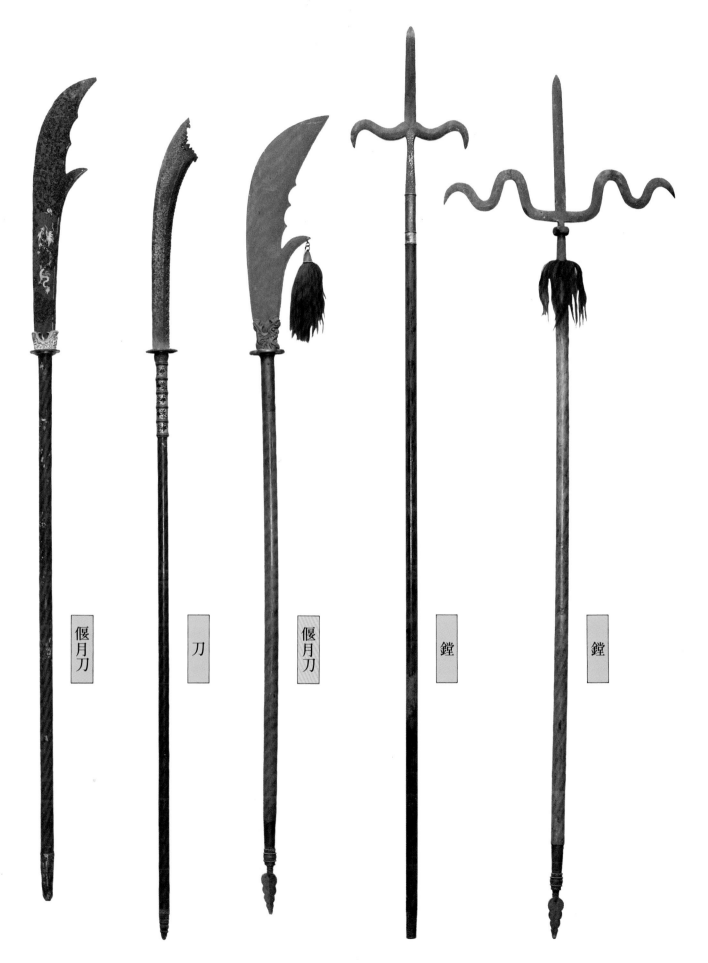

偃月刀 　刀 　偃月刀 　鏜 　鏜

107

108

107.籐牌

籐牌是盾牌的一種，最初生產於福建，爲籐條編織而成。由於籐牌輕便、堅固又有靭性，在古代戰爭中被廣泛地當作防衛武器。清代所有綠營軍都設有籐牌兵；在八旗漢軍驍騎營中，還設有籐牌營，作爲護炮的特種兵。康熙年間，清軍在雅克薩抗擊俄軍入侵時，曾發揮籐牌兵的作用，剋敵制勝。

108.《皇朝禮器圖》內所繪武科刀和雙機弩

《皇朝禮器圖》一書爲乾隆二十四年（1759年）敕修，內收有清代通常使用的各式武器。

109.康熙御製威遠將軍炮

清代使用火炮始自關外皇太極時。康熙年間因平定三藩戰爭之需，開始大批生產火炮。此炮爲銅製，重五百六十斤，使用鐵彈重三十斤。炮身上用滿、漢文鐫"大清康熙二十九年景山內御製威遠將軍。總管監造：御前一等侍衞海青。監造官：員外郎勒理。筆帖式：巴格。臣役：伊幫政、李文德。"

109

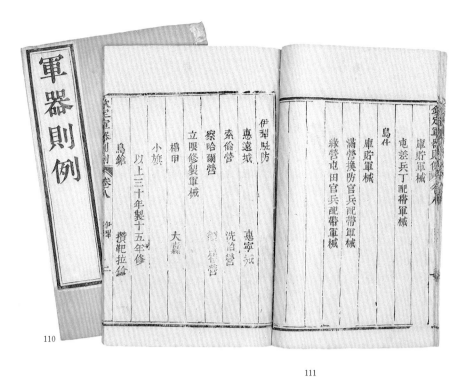

110.《軍器則例》
　　《軍器則例》一書爲乾隆年間纂輯成編，嘉慶年間修訂。內載各省綠營、八旗京營和各省八旗駐防所需軍裝器械名目、款項等，記錄了當時軍器裝備的概況。

111. 箭亭
　　爲使皇室及八旗子弟保持滿族騎射傳統，乾隆帝下令在紫禁城內景運門外修建箭亭，以供平時習武。殿試武進士時，皇帝在此試開弓、舞刀、舉大石等技。

112. 習武碉堡
　　乾隆年間，西南大、小金川地區發生動亂，乾隆帝曾幾度派兵平亂。但因金川所築碉堡堅固，清軍屢攻不下。乾隆帝乃下令在香山脚下建堡壘、設雲梯，令精銳士兵日夜練習攀城技能。同時又採用其他戰術，終於克敵制勝。遂在那裏設立健銳營。

113. 團城演武廳
　　乾隆帝在設立健銳營的同時，還在附近建團城，作爲檢閱健銳營士兵演武的場所。

115

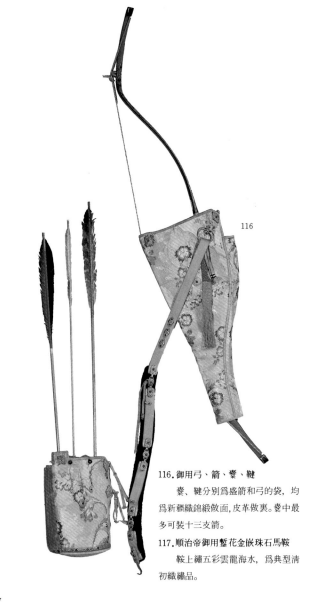

116

116.御用弓、箭、韔、韇

韔、韇分別爲盛箭和弓的袋，均爲新疆織錦緞做面，皮革做裏。韇中最多可裝十三支箭。

117.順治帝御用鏨花金嵌珠石馬鞍

鞍上繡五彩雲龍海水，爲典型清初織繡品。

117

114.乾隆帝《大閱鎧甲騎馬像》

縱322.5cm 橫232cm 絹本設色

清宮廷畫家郎世寧（Giuseppe Castiglione, 1688－1766）繪。清代大閱制度，始自太宗皇太極時。順治年間確定爲三年一次。屆時皇帝全副武裝，檢閱八旗軍中火器營、鳥槍營、前鋒營、侍衛營等兵種。乾隆時大閱多在南苑舉行。此圖原懸掛在南苑新衙門行宮，民國初年收入故宮博物院。

115.乾隆帝大閱甲冑

大閱甲冑與一般戰場上所穿甲冑不同。特點是不用金屬，而用金線在黃緞上繡橫紋，代替甲上的金屬葉。冑（即盔）用牛皮製，髹以漆，嵌東珠，飾金梵文。這套甲冑與《大閱鎧甲騎馬像》中乾隆帝所穿甲冑相似。

118

118.八旗甲冑

　　八旗分鑲黃、正黃、正白上三旗
與鑲白、正紅、鑲紅、正藍、鑲藍下五
旗。此為八旗兵丁甲冑，亦為大閱禮
服，非戰時用品。甲以棉布為裏，以綢
為面，飾以銅釘；冑為牛皮製成。乾
隆年間由杭州織造兩次製作數萬套。
除大閱時穿用外，平時不用，貯於紫
禁城西華門城樓內。

119

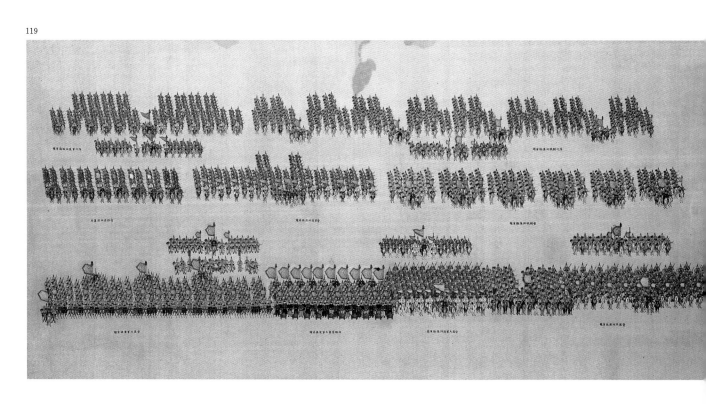

正紅旗　鑲紅旗　正藍旗　鑲藍旗

119.《大閱圖》列陣局部

　　寬 68 cm　　長 1761 cm

　　乾隆十二年（1747年）清宮廷畫家金昆等繪。清代八旗制度，不僅在滿人中設置，後爲擴大軍事實力與籠絡人心，又設有蒙古八旗與漢軍八旗。參加大閱的八旗官兵，實則爲滿蒙漢二十四旗，人員多達數萬。圖內列有鑲黃旗滿洲驍騎營、正白旗滿洲騎兵營、鑲黃旗漢軍火器營、鑲黃旗滿洲護軍營等，反映滿、蒙、漢八旗各兵種在舉行大閱禮時的排列順序。

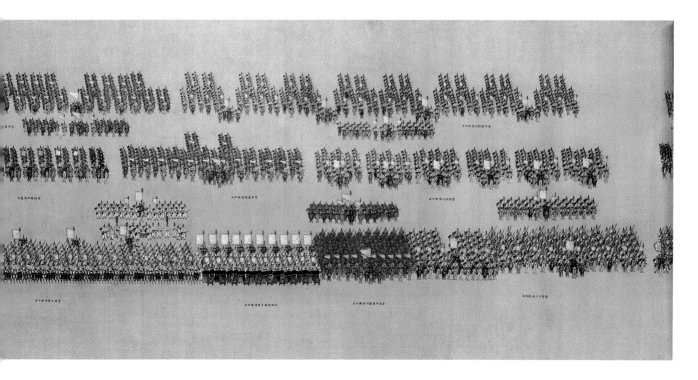

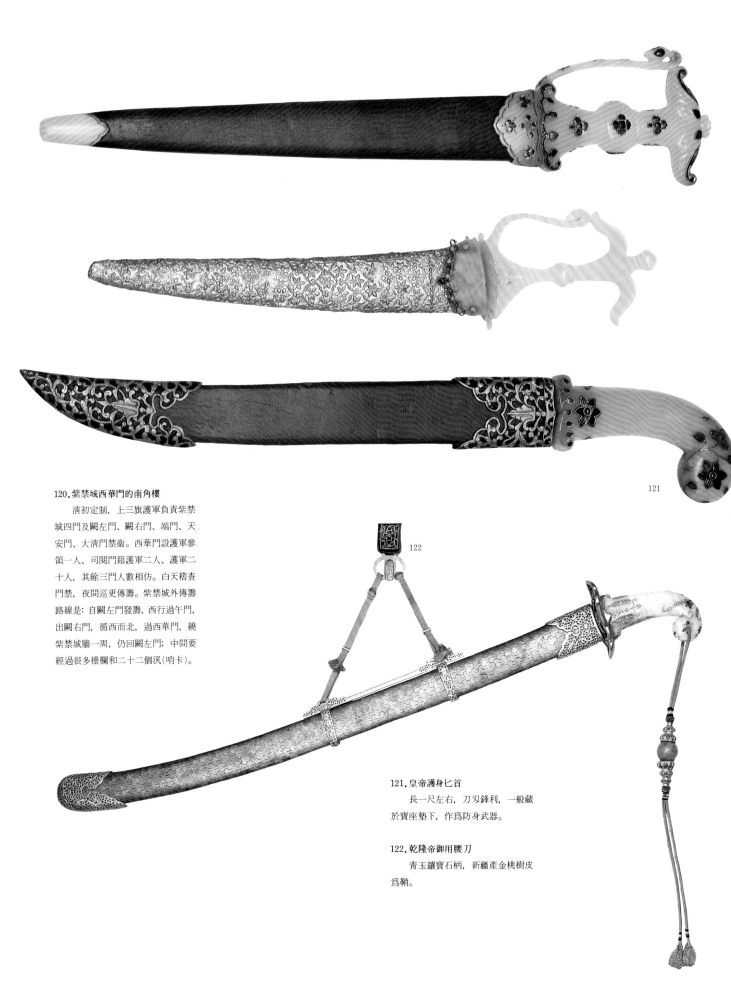

120. 紫禁城西華門的南角樓

清初定制，上三旗護軍負責紫禁
城四門及闕左門、闕右門、端門、天
安門、大清門禁衞。西華門設護軍參
領一人、司閱門籍護軍二人、護軍二
十人，其餘三門人數相仿。白天稽查
門禁，夜間巡更傳籌。紫禁城外傳籌
路線是：自闕左門發籌，西行過午門，
出闕右門，循西而北，過西華門，繞
紫禁城牆一周，仍回闕左門；中間要
經過很多柵欄和二十二個汛(哨卡)。

121

122

121. 皇帝護身匕首

長一尺左右，刀刃鋒利，一般藏
於寶座墊下，作為防身武器。

122. 乾隆帝御用腰刀

青玉鑲寶石柄，新疆產金桃樹皮
為鞘。

123

123.腰牌

腰牌是清代內務府各差役出入宮禁的重要憑證，使用時繫於腰間，不得轉讓或出借，違者論罪。腰牌爲木製，上有年號、衙門的火印戳記，和使用者的姓名、年齡、相貌特徵及編號。

124.宮中門禁及防盜的大鎖

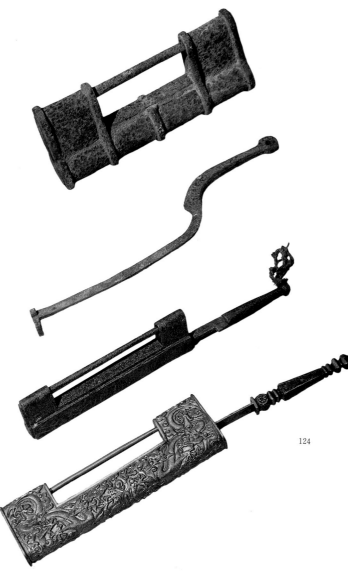

124

125

126

125.合符

合符爲皇宮和都城夜間特殊的放行證，銅質，由陰、陽兩片組成。內側分別鑄有陰、陽文的"聖旨"二字。陰文一片交各門護軍統領收存，陽文一片存於大內。夜間出入禁門，只有持與該門陰文相符的陽文一片，驗證

無課，才許放行，否則雖稱有旨亦不得通過。

126.木合符

合符也有木質，且字數較多。

127.烏蘭布通古戰場

在木蘭圍場以北數十里的地方，是一片茫茫的草原。蒼穹下，有一座暗紅色的罎形石山，蒙語謂之"烏蘭布通"（即紅罎）。康熙二十九年（1690年），爲平息額魯特蒙古貴族噶爾丹發動的叛亂，康熙帝率軍北征。清軍給養充足，土氣高昂，在烏蘭布通地

方大敗噶爾丹。但清軍主將、康熙帝的舅父佟國綱却不幸陣亡。相傳佟國綱中彈後，他使用的大炮也沉入紅山下的沼澤，泉水噴湧而出，形成一片湖泊。當地牧民爲紀念這位能征善戰的將軍，把這湖稱爲"將軍泡子"。

巡狩，指清帝巡幸、大狩兩事。

巡幸，古稱巡守，是始自三代的一項重要禮儀。當時的巡守，是指天子離京視察各諸侯所守的國。以後各代皇帝均奉爲重要禮制。清代皇帝也遵循古制，依例仿行。清代大規模的巡幸活動很多，但影響最大的，還是康熙、乾隆二帝的江南之巡。

康熙帝繼位之初，即將三藩、河務、漕運視爲治國三大事。康熙二十一年（1682年），歷時八年的三藩之亂被平定，次年又收復了台灣，河務與漕運即上升爲關乎清王朝治亂安危的頭等大事。當時朝臣紛紛上疏，請皇帝“仿古帝之巡守，以勤民事”。康熙帝順應臣意，決定乘巡幸之禮，南行視河。二十三年（1684年）九月，康熙帝首次南巡；到四十六年（1707年）最後一次南巡止，前後共六次南巡江浙。乾隆帝即位後，仿效其祖，也有六次南巡之舉。一百多年間，兩個皇帝十幾次蒞臨江南，這在中國歷史上是十分罕見的。

康、乾南巡，往返一次，需時約四五個月。或自通州沿運河南下，或先陸路，入江蘇再換水路。由於路途遠，時間長，出行前繁雜的準備工作，就比到其它地方巡幸更爲重要。皇帝欽簡的總理行營大臣，是負責安排巡幸事務的最高指揮官。隨皇帝南巡的，除宮眷和若干親信大臣、都院官員外，還有大批匠役、侍衛和兵丁。乾隆時期僅章京和侍衛官員就有六、七百人，侍衛兵丁則多達二、三千人。因此，僅車、船、馬、駝等交通工具一項的準備，就相當困難。按規定，每大臣一員給馬五匹，給船二隻，侍衛官員每人給馬三匹，二、三人合給船一隻，護衛、緊要執事等，每人給馬二匹，其它人則每二人給馬三匹，每十人給船一隻。這三千來人的隊伍，就需馬六、七千匹，官船近千艘。大批的船隻充塞運河，航行不便，又需用相當數量的縴夫。僅御船就要備三千六百名water兵，分六班拉縴。可以想見，當年康、乾南巡時，數以千計的官船一路首尾相接，旌旗招展，場面是何等的氣派！

皇帝駐蹕之地，如到蘇州、杭州、江寧（今南京）、揚州等重鎮，則在行宮或官府；如在途中，則在船上，或臨時搭設帳棚，稱水大營或旱大營，統稱御營。御營雖爲臨時駐蹕之處，但建制仍有嚴格的規定：中爲皇帝下榻的御幄，圍以帶旌門的黃絭城或黃布幔城，外面是一層網城。護軍營在網城百步外設警蹕帳房，前鋒營官兵還要在網城外一、二里設卡，夜間巡更，對在卡內行走者要坐以軍法。皇帝駐蹕御營，扈從人員卻要經受種種考驗。按規定，除了當班人必得在網城內值宿外，其餘所有官員兵丁都不得在御營前住宿。如御營距水路十里以內，扈從人員一律回船住宿；如距水路較遠，或在距御營數里處紮營，或借用附近寺院、民房。康熙帝的親信大臣、南書房翰林張英曾記述過自己隨駕南巡時的狼狽情景。他說一路扈從，最難熬的就是晚上宿營。一般日落即開始紮營，但大臣的僕役車輛都排在南巡車隊最後，往往入夜才能到達宿營營地。而御營周圍十幾里以內的井泉，早被嚮導處官員和太監等人，用黃龍包袱蓋住，扈從大臣只能使用十幾里以外的水源。

從等到僕役車輛至尋到水源，挖竈燒飯，常常時至二鼓。所以只能草草就餐，略睡片刻，五鼓又起身撤帳裝車，趕至御營前恭候皇帝啓行。扈從雖爲榮耀，但也不免歎息：“飢疲已極，求息肩不可得也！”

皇帝南巡，除內務府和朝中各衙門緊張籌辦外，有關封疆大吏、地方富豪縉紳，也都忙得不可開交。爲使水路暢通，減少船隻壅塞，漕船、鹽船自頭年冬天就先期開行；爲避免因大批人馬雲集江南而使江浙省會米價騰貴，兩江總督要提前向皇帝申請截留部分運京銅斤與漕糧，以備鑄錢和平糶。龐大的馬駝車隊，用慣了黑豆雜糧，山東巡撫就奉命調撥黑豆，屯集存留南巡行經之地。皇帝南巡，需要賞賚扈從人員和地方官吏，僅賞銀一項就是一筆龐大的開支。鹽商、皇商紛紛捐款，邀功報效。康熙帝南巡時，其親信江寧織造曹寅、蘇州織造李煦、並兩淮鹽商，爲了給隨同南巡的皇太后祝壽，更在揚州茱萸灣修建寶塔和高旻寺行宮。行宮內陳設豪華，擺滿了從各處搜羅來的古董書畫。康熙帝見後也不得不公開告誡自己及臣下：絕不能蹈隋煬帝、宋徽宗的覆轍，不能縱欲奢侈。乾隆帝南巡時，雖下令不許“踵事增華”，但實際上仍然耗資甚鉅。刑部員外郎蔣楫用銀三十萬兩，在蘇州行宮外捐辦道路，兩淮轉運使盧見曾大興土木，在揚州長河邊修天寧寺行宮，又在平山堂西修建御苑。兩淮鹽商也爭相出力，修建亭臺樓閣，使乾隆初年還亭臺寥寥的長河一帶，出現了鱗次櫛比的園苑。盧見曾這樣不惜一切地籌辦接駕，使得鹽商在經營中支銷冒濫，以致國庫受損。事發之後，乾隆帝爲擺脫自己因南巡的窮奢極欲而造成國庫受損的責任，竟將忠心效力的盧見曾處死。

地方官員爲接駕做的另一項重要準備，是表現人壽年豐的太平景象。南巡舟輿所經的城鎮，八十歲以上的老翁、老婦要穿黃衣執香跪接；江寧、蘇州、揚州、杭州等地，要在城外路旁或運河兩岸設臺演戲，表演爬杆、踩高蹺、走軟索等雜技；城內要搭設過街五彩天棚、彩亭排坊；家家戶戶要張燈結綵，擺設香案，以便製造討好皇帝的“巷舞衢歌”的喜慶氣氛。

康、乾二帝“翠華南幸”，興師動衆，却不只爲“艷美江南”。他們的主要目的還在視察黃、淮河務和浙江海塘等水利工程。當時黃河、淮河、運河交滙的洪澤湖一帶，以及修築海塘的海寧（今浙江省境內）等地，就成爲視察河務、海塘工程的重點。康熙帝南巡，每次都要親臨洪澤湖畔高家堰的大堤。在治河重地，親用水平儀測量洪澤湖的水位，又與諸臣圍坐大堤上，修正河圖之誤，討論治河之策，使河防一年年好轉。黃、淮一帶竟出現二十年來無大患的太平景象。

乾隆帝南巡，曾四次赴海寧踏勘塘工。當時對修築海塘，有柴塘（即用柴土築塘）和石塘（以石塊築塘）之爭。有人提出以石塘代原來的柴塘，可以一勞永逸；反對者認爲海寧一帶百里柴塘下皆爲浮土活砂，不能更換石塊。乾隆帝便到塘上親試排樁，結果塘下沙散，無法固定石條。經調查後，乾隆帝作出改進柴塘、緩修石塘的折衷決定；又命在柴塘內修築魚鱗石塘，將柴、石兩塘連爲一體。經過數十年的修整，水勢漸緩。乾隆五十年（1785年）後，塘外已擴出數十里沙田沃壤。

籠絡漢族士商，是清帝南巡的又一重要目的。山東、江蘇、浙江諸省，歷來是中國封建經濟文化興盛之地，"人文所萃，民多俊秀"。傳統的封建道德觀念在人們心目中根深蒂固；眷戀故明王朝，以明為正統的民族意識，一直比較強烈。直到康熙十九年（1680年），浙江還出現過以亡明朱三太子為旗號的農民起義。因此，在江、浙推行這一政策，比其它地區更為重要。南巡中，康、乾二帝多次祭孔子，謁明陵，又處處召見學者，獎勵文學，竭力表現出一種重視文化，優容前朝，禮遇文人的姿態。

康熙帝第一次南巡至江寧時，主要活動就是謁明太祖陵。謁明陵時，康熙帝先向明太祖神位行三跪九叩禮；又到寶城前行三獻禮。禮畢，他向守陵官員頒發賞賜，告誡地方官員要嚴加巡察，禁止採樵。康熙帝這些舉動，大大贏得民心。據說當時"父老從者數萬人，皆感泣"。人人稱頌這是"古今未有之盛舉"。

乾隆帝南巡時，在推行籠絡漢族士大夫的政策上，處處仿效其祖。在最後一次南巡中，還特別下令在揚州、鎮江、杭州建文匯、文宗、文瀾三座藏書閣，存放《四庫全書》的抄本。他特別強調，江南三閣藏書，為的是閱覽，並非"徒為插架之供"。而應准許文人儒士將書"領出廣為傳寫"，客觀上起了促進傳播文化的作用。

康、乾二帝南巡，雖則目的、行程以及採取的種種措施都十分相近，但其間畢竟相差了近半個世紀；由於社會經濟條件不同，造成了他們歷次南巡的區別。康熙帝南巡時，社會還處於休養生息的時期，國庫還不甚充盈，康熙帝就不能大事鋪張。因此，一路上多以地方衙署為行宮，"所有巡狩行宮，不施彩繪，每處所費不過一、二萬金"。而乾隆帝南巡時，社會經濟繁榮活躍，有太平盛世之稱。乾隆帝依恃其父祖時期積累豐盈的帑銀，極盡奢華。不僅大肆修建行宮，而且還處處搜訪名園勝景，追求"樂佳山水之情"。圓明園中的安瀾園、獅子林、曲院風荷，清漪園中的惠山園、靜明園中的竹罏山房等，都是乾隆帝南巡後，仿江南名園興建的。這些舉動，較之康熙帝的南巡，就減弱了勤政興革之意，而帶上較多驕奢浮靡的色彩。

大狩，即狩獵，也是古代帝王生活中一項重要的內容。《左傳》有"春蒐、夏苗、秋獮（音：冼）、冬狩，皆於農隙以講事"之說。清帝王因祖先為遊牧民族，後又靠武功得天下，故於春蒐、秋獮格外重視。為的是通過狩獵活動保持他們騎射的民族傳統，使八旗將士訓練有素，國家防務常備不懈。

春蒐，為帝王在春日舉行的射獵活動。清時又稱之為春圍。每當萬物甦生之時，清帝要率將士前往南苑狩獵。狩獵中，還於晾鷹臺舉殺虎之典。即虎槍處事先將飼於京西虎城的猛虎鎖入牢籠，再用鐵索將虎籠圍繞數匝，置於晾鷹臺前。皇帝在臺上陞座後，虎槍處人員騎馬解索，放虎出籠。被囚多日的老虎已失去往日的兇猛，籠門打開，

還常常伏臥而不動。隨駕侍衛便嗾使獵犬吠籠，又放火槍射擊，直把老虎激怒，竄身出籠，眾人才一擁而上，爭相刺殺。直到擊斃這頭困虎，殺虎之典就宣告結束。

刺殺困獸當然體現不出八旗將士的威武，所以每年還要舉行一次與林中猛獸較量的秋獮。

在塞外皇家圍場木蘭（滿語。原為哨鹿之意，後以為地名。）舉行的秋獮，其規模和陣勢，是清帝各種狩獵活動中最盛大的。圍場設於熱河崖口之內、塞罕壩以南。那裏山巒綿亙，清泉縈繞，森林繁茂，禽獸羣聚，是行圍習武的好地方。每到秋天，清帝則率數萬將士，執槍搁矢，托鷹牽犬，去圍場秋獮。

木蘭秋獮，有哨鹿和行圍之分。哨鹿是指在黎明時分，捕鹿侍衛頭戴假鹿首，口吹長哨，發出雄鹿求偶之聲，誘出雌鹿後，或生擒，或備皇帝射殺。這種哨鹿，只需少數人參加。圍獵卻不啻為一場威武壯觀的大規模軍事訓練。不僅隨圍將士全部參加，蒙古各部落每年按例派來的一千五百騎兵、一百嚮導、三百隨圍槍手和射鹿槍手，也前來協同行圍。

行圍期限一般二十天。每當晨光熹微之際，八旗將士就由管圍大臣率領，分左右兩翼，策馬佈圍。正白旗為左翼，正紅旗為右翼，各以一藍旗為前哨，沿嚮導大臣選定的圍場邊緣合圍靠攏。前面無論是荊棘叢生還是陡峭山巒，合圍將士都得攀踏而過，不准隨意脫離隊伍。皇帝則在圍外高地用幔帳圍起的看城中指揮戰鬥。這個由上萬步兵騎士組成的包圍圈，方圓達數十里，隨着陣陣槍擊和吶喊，將圍內野獸逐漸趕至看城附近。此時皇帝率皇子入圍，先行射獵。其後隨圍將士在皇帝的號令下，躍馬揮刀，彎弓射箭，與圍中野獸展開激戰。此時，圍場內號角齊鳴，戰馬長嘯，槍擊聲、吶喊聲、馬蹄聲震撼山野。圍中野獸東逃西竄，僥倖衝出包圍圈的，也逃不過圈外埋伏的虎槍手、射生手的槍擊。每天行圍結束後，即在原野上"陳牲數獲"，由皇帝按射獵數量和優劣論功行賞。皇帝選剩的獵物則成為全體將士當晚野餐的美味。

儘管清朝帝王聲稱不能丟掉行圍習武的祖制，但認真實行的，也不過康熙、乾隆二帝。康熙帝自二十年（1681年）圍場設立後始舉行圍之典，至六十一年（1722年）臨終，幾無虛歲。康熙帝的射獵成績相當可觀。據他在訓誡近御侍衛的總結中說："朕自幼至今，凡用鳥槍弓矢，獲虎一百三十五，熊二十，豹二十五，猞猁猻十，麋鹿十四，狼九十六，野豬一百三十二。哨鹿之鹿凡數百，其餘圍場內隨便射獲諸獸，不勝記矣。"乾隆帝則一直津津樂道自己十二歲時隨祖秋獮木蘭，射中黑熊的故事。他一生獵物也不少。乾隆朝以後，嘉慶帝時尚勉強維持，再後國運漸衰，木蘭秋獮就很少舉行了。

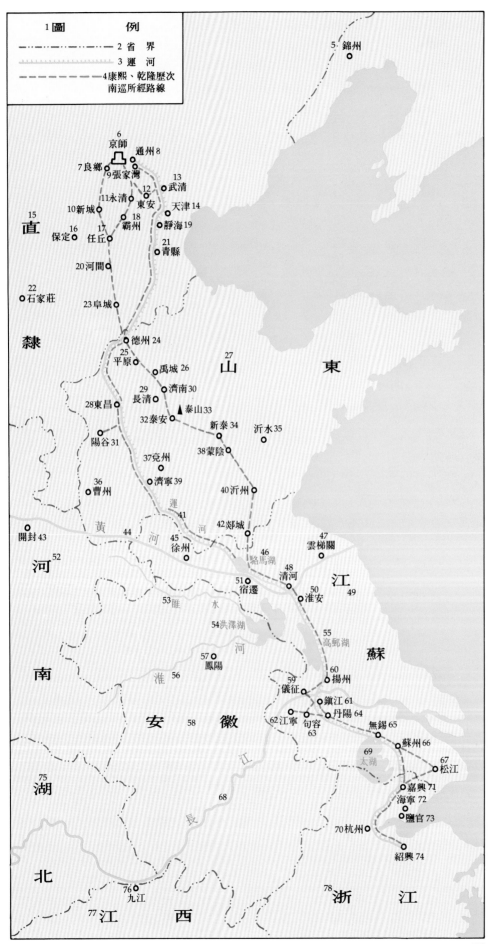

128.清帝南巡路線示意圖

129

129.揚州天寧寺行宮門前的御碼頭

　　天寧寺座落揚州城西北。康熙帝
南巡時，爲籠絡漢族士子，曾命江寧
織造曹寅在天寧寺設立書局，編輯刊
刻《全唐詩》。乾隆帝南巡時，兩淮
轉運使盧見曾在天寧寺修建了行宮。
乾隆帝自行宮門前御碼頭登舟，溯流
而上，一路即可瀏覽縉紳富商在長河
兩岸建造的座座景觀。

130.揚州長河畔的"長堤春柳"

　　即今瘦西湖，爲盧見曾曾爲迎駕所
修建的園林。

130

131.瘦西湖"四橋烟雨"

　　四橋烟雨，爲揚州瘦西湖一景。
乾隆帝南巡時，這裏有四座橋，南爲
春波，北爲長春，西爲玉版，又西爲
蓮花。乾隆帝在烟雲細雨中，環望四

橋，如彩虹蜿蜒出沒波間，深感水雲
縹緲之趣，特爲此景題額"趣園"。

132.揚州高旻寺

康熙帝第五次南巡前，江寧織造曹寅、蘇州織造李煦及新運道李燦，帶頭捐款報效，在揚州茱萸灣修建了豪華的高旻寺行宮。康熙帝認爲曹寅等人接駕有功，特賞曹寅以通政使司通政使銜，賞李煦以大理寺卿銜，賞李燦以參政道銜。

133.揚州平山堂

平山堂爲揚州名勝，宋代歐陽修所建。乾隆帝南巡至揚州，必幸平山堂。盧見曾曾特在平山堂西"天下第五泉"處修建了御苑。

134.康熙帝《南巡圖》局部——渡江

縱67.5cm 橫2227.5cm

康熙帝《南巡圖》爲清王翬等繪，共十二卷，絹本，設色，各卷均高67.8cm，而長短不一。長的達二千六百厘米以上，短的亦有一千五百多厘米。由康熙帝起鑾離京開始畫起，按沿途所經各地，一直畫到浙江紹興，共有九卷。然後由浙江回鑾，經過南京，一直畫到回北京，共有三卷。此段表現康熙帝南巡橫渡長江的場面。康熙帝六次南巡，只有最後一次五十六歲時，因年老體弱，對乘舟渡江略有難色。其餘數次，均如圖中所示，不畏長江水深浪大，神情鎮定，安然自若坐於舟中。在數次渡江過程中，他觀察了舵工駕船的技術，寫下《操舟說》一文，將治理國家喻爲操舟。深感只有順應水性（即民心），才可使船安渡風險，如履平地。

132

133

大江

135.鎮江金山寺

鎮江金山寺是始建於東晉的古刹。康熙帝南巡至此，爲金山寺題名"江天禪寺"。乾隆時期又在寺旁修建了行宮。

136.金山遠眺

137.從鎮江焦山望長江

焦山與金山對峙，在長江江心。山下有東漢年間修建的古寺，康熙帝南巡時賜名定慧寺。南朝名刻《瘞（音：意）鶴銘》爲希世珍寶，曾陷落江中，康熙時由河道總督陳鵬年募工撈取，撞至焦山脚下。乾隆帝南巡至此，見此山麓貯有大量石刻，也親灑宸翰，刻石立碑。

138

139

138.太湖

　　清帝南巡，離京後一般先走陸路，至江蘇省宿遷後改換水路。烟波浩渺的太湖，成爲南巡必經之路。

139.無錫寄暢園

　　無錫寄暢園爲明尚書秦得金私家園邸。初名鳳谷行窩，清時更名寄暢園。園中堂閣亭榭，環繞清池而立，疊假山爲溪谷，引惠山名泉——二泉之水注入池中。康熙帝南巡，數臨寄暢園賞梅。乾隆帝南巡，對寄暢園精巧的結構更是流連忘返。回鑾後在京西萬壽山東麓仿建了惠山園。

140　　141

140. 蘇州天平山

　　天平山在蘇州市郊，乾隆帝南巡時曾四遊天平，並在山下刻石建亭。

141. 蘇州獅子林

　　獅子林爲蘇州名園，內多堆山，狀如狻猊（音：酸泥，獅子）。乾隆帝對此園十分喜愛，南巡至蘇州，必臨獅子林，對照元代大畫家倪瓚畫的《獅子林圖》，細細揣摩園中山石橋亭，又命屬從畫師摹畫獅子林中勝景。後在圓明園的長春園、避暑山莊，模擬仿建。乾隆帝南巡時爲獅子林所題"眞趣"匾額，至今還懸掛在園內亭中。

142. 蘇州虎丘

　　虎丘在蘇州西北，有"吳中第一名勝"之稱。相傳山下劍池爲吳王闔閭淬劍處。池前爲千人石，是晉僧講經的地方。康熙帝南巡，攜宮眷遊虎丘，曾與寺中住持僧認眞討論"千人石是否果眞能坐千人"的問題。

142

143

144

143. 浙江海寧海神廟

　　雍正七年（1729年），雍正帝下令於浙江海寧鹽官鎮建重簷歇山式海神廟，以祀浙海之神。乾隆帝南巡，曾四至海寧，均於此廟祭海神。

144. 杭州孤山行宮宮門

　　康熙帝南巡時，於杭州孤山聖因寺修建了行宮。打開宮門，就可以見到波光瀲灩的西湖。

145. 杭州靈隱寺

　　相傳康熙帝南巡，到杭州登北高峯，遠望山下寺廟，香烟繚繞，雲霧籠罩，好似建在雲海之中。下山後康熙帝依此印象，便爲古利靈隱寺題了"雲林禪寺"的匾額。

145

146. 杭州放鶴亭

　　位於杭州孤山北麓，是元人為紀念居住孤山二十年，並在此種梅養鶴的北宋詩人林和靖而建的。康熙帝南巡至此，曾臨董其昌書《舞鶴賦》一篇，並刻石立碑於亭中。

146　　　147

147. 平湖秋月

　　平湖秋月臨湖依堤，為西湖十景之一。當皓月升空，湖平如鏡的時刻，為吟詩賞月佳處。康熙帝第三次南巡時，在此勒石建亭；又修建水軒，更為此處增添了雅趣。乾隆帝南巡後在圓明園亦添平湖秋月一景。

148. 三潭印月

　　亦為西湖十景之一。蘇東坡在杭州任官時，開浚西湖，於湖心建立三座小石塔，作為水位標誌，禁止在湖內植荷種菱，以防湖泥淤積。相傳湖中有三個深潭，有好事者月夜在塔內燃燭，燭光透過塔身圓洞，有如小小明月，與天上的月影相印，故稱三潭印月。乾隆帝南巡，特為此景題詩"無心古鏡波心印，不向拈花悟果因"。

148

149

149. 紹興大禹廟

歷代帝王中以治河治水著稱的，首推夏禹。康、乾二帝南巡，主要目的也在於視河治水。他們爲表示對治水之祖的敬重，到杭州後都曾渡錢塘江，到紹興奠祭禹廟、禹陵。康熙帝還爲禹廟題寫了"地平天成"之匾。後人在修葺禹廟時，將此四字嵌入禹廟屋脊之上。

150. 紹興蘭亭

康熙帝南巡至紹興蘭亭後，書寫了大字王羲之《蘭亭集序》一篇，並刻石立於蘭亭遺址。

151. 流觴的曲水

　　當年王羲之與友人曲水流觴，舉
修禊之事的激湍清流。

151

152.康熙帝《南巡圖》局部——三山街

縱 67.9cm　橫 1555cm

這段畫反映了康熙帝將至江寧（今南京）時，三山街等繁華地區家家張燈結綵，設案焚香，安搭過街天棚，準備迎駕的熱鬧場面。

152

153

154

153. 江寧織造府花園遺址

康、乾二帝南巡至江寧，行宮設在江寧織造府。乾隆帝南巡時，兩江總督尹繼善在江寧織造府一帶建造了很講究的花園。

154. 南京棲霞寺

棲霞寺座落在江寧東北，為南朝古寺。清帝南巡，多於寺內設行座。乾隆時兩江總督尹繼善為迎駕，在寺後修建行宮。

155

155.南京明孝陵"治隆唐宋"碑

　　康、乾二帝至江寧，必親祭或遣官代祭明孝陵，以籠絡江南人心，顯示自己優容前朝的博大胸懷。康熙帝還特書"治隆唐宋"四字，命曹寅等人刻石立碑於明孝陵。

156.乾隆帝《南巡盛典》中南巡路線示意圖局部

　　此圖表現揚州運河及三汊河一帶的地形。

157.沈德潛的路貢單

　　清帝南巡，一路上地方官吏縉紳紛紛進獻家藏珍玩字畫。這份摺子即是乾隆帝首次南巡時，致仕（退休）老臣禮部侍郎、著名學者沈德潛於路上接駕時隨貢品進獻的貢單。

156

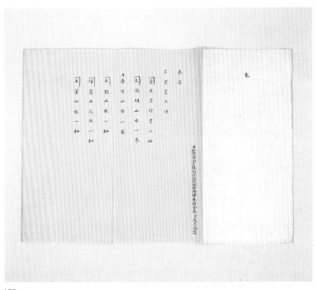

157

158. 孝賢純皇后朝服像

　　孝賢純皇后富察氏，爲乾隆帝元后。據說人品嫺淑，講究節儉，平日不御珠翠，只戴通草絨花，深得乾隆帝鍾愛。乾隆十三年（1748年）隨駕巡幸山東，回鑾時於德州患病，不日即死於舟中。時年三十七歲。

159

160

161

159. 木蘭圍場

在今承德市北二百餘里的圍場縣。此處羣巒疊嶂，河流縱橫，草肥水美，林木蔥蘢。康熙帝在康熙二十年（1681年）出塞狩獵時，用半個多月勘察了那裏方圓千里的高山峻嶺，平川深澗。後設立了南北、東西各距三百餘里的圍場。為保護這片皇家行圍禁地，康熙帝又命在整個圍場各隘口設木棚和柳條邊，並派遣滿洲、蒙古八旗駐兵，設巡視卡倫（哨卡），防止百姓進入。

160. 射虎山

乾隆十七年（1752年）秋，乾隆帝到圍場境內岳東一帶行圍。那裏的獵人報告說，有虎匿於三百步外隔穀山洞中。乾隆帝逕舉槍射擊，意在使虎受驚出洞，不想正中虎身。猛虎咆哮而出，負隅跳躍。乾隆帝又補一槍，虎中彈倒斃。乾隆帝大喜，特寫《虎神槍記》一篇記述此事，並刻石立碑於虎洞對面山上。

161. 射虎洞旁摩崖刻石

乾隆帝射中虎後，命於匿虎洞旁用漢、滿、蒙、藏文刻字。漢文為："乾隆十七年上用虎神槍殪伏虎於此洞"。

162

162.崖口

在波羅和屯（今隆化縣）和圍場交界處，有一狹隘的山口，兩邊峭壁對峙，伊遜河從中穿過。它是清帝自避暑山莊入圍場的必經之路。清時稱爲"伊遜喀布齊爾"。伊遜喀布齊爾爲蒙語，伊遜爲"九"的譯音，喀布齊爾爲"崖口"譯音。意爲在圍場內繞了九道彎的河所經過的崖口。

163.入崖口碑

在崖口山巔，有乾隆帝命刻製的一塊石碑。碑文爲乾隆十六年（1751年）御製《入崖口有作》詩，用滿、漢、蒙、藏四體文鐫刻。詩說："朝家重習武，靈囿自成天。匪今而斯今，祖制垂奕年。巀岩圍疊嶂，崖口爲之關。壁立衆山斷，伊遜奔赴川。秋獮常經過，每爲遲吟鞚。……"

164.圍場行宮遺址

清帝自波羅和屯入圍場狩獵，有東西兩條通道。東道即爲崖口，西道爲濟爾哈朗圖。若從東道入圍，則從西道回鑾，反之亦然。清帝在東、西道口都建有行宮，以供入圍或回鑾時休息。圖中山腳下松林映掩的紅牆，即東道崖口內行宮遺址。

163

165.《叢薄圍獵圖》

　　縱424 cm　橫348.5 cm

　　乾隆帝在一次塞外行圍時，於叢
林中遇一母虎及三隻小虎。虎槍手擊
斃三隻，侍衛貝多爾又生擒一隻。當
時恰值布魯特部落前來覲見，侍衛生
擒猛虎，正顯示了清軍士兵高超的武

功。乾隆帝十分高興，特寫《叢薄行》
一詩，記述此事，又命畫家繪畫記錄。

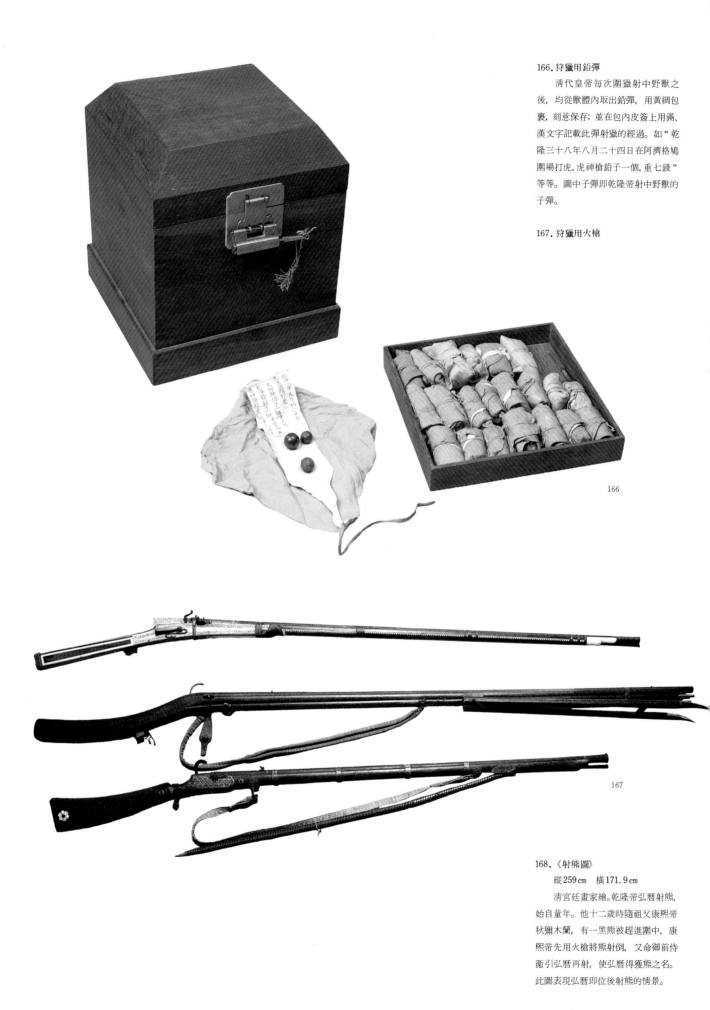

166. 狩獵用鉛彈

清代皇帝每次圍獵射中野獸之後，均從獸體內取出鉛彈，用黃綢包裹，刻意保存；並在包內皮簽上用滿、漢文字記載此彈射獵的經過。如＂乾隆三十八年八月二十四日在阿濟格鳩圍場打虎，虎神槍鉛子一個，重七錢＂等等。圖中子彈即乾隆帝射中野獸的子彈。

167. 狩獵用火槍

168. 《射熊圖》

縱259cm　橫171.9cm

清宮廷畫家繪。乾隆帝弘曆射熊，始自童年。他十二歲時隨祖父康熙帝秋獮木蘭，有一黑熊被趕進圍中，康熙帝先用火槍將熊射倒，又命御前侍衛引弘曆再射，使弘曆得獲熊之名。此圖表現弘曆即位後射熊的情景。

169.《射鹿圖》
　　縱301.5cm　橫419cm
　　清宮廷畫家繪。清帝射鹿，先由
頭戴鹿角的捕鹿衛士吹哨誘鹿出林，
再由皇帝射殺。此圖表現乾隆帝用火
槍射鹿的情景。

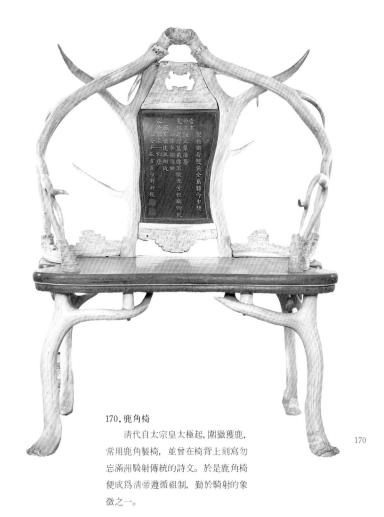

170

170.鹿角椅
　　清代自太宗皇太極起，圍獵獲鹿，
常用鹿角製椅，並曾在椅背上刻寫勿
忘滿洲騎射傳統的詩文。於是鹿角椅
便成為清帝遵循祖制，勤於騎射的象
徵之一。

171.鹿哨
　　清帝在木蘭哨鹿時所用鹿哨。用
紫檀木製成，髹以金漆彩繪。

171

起居編

前朝三大殿的後面，是一個小廣場，又名橫街。廣場正中的乾清門，並左側的內左門、右側的內右門以內，座座宮殿，櫛比相連，各成院落。這裏是皇帝及后妃居住的寢宮。小廣場西面隆宗門外有皇太后、太妃等居住的慈寧宮、壽康宮、壽安宮；東面景運門外有曾經是皇太子宮的毓慶宮，以及爲太上皇帝修建的寢宮寧壽宮，皇子居住的撷芳殿等。這些宮殿統稱內廷，也稱後寢。

位於內廷正中的是乾清門內的乾清宮、交泰殿和坤寧宮，稱爲後三宮；後面是坤寧門。這是一組廊廡迴繞的宮殿羣。兩旁有東、西六宮。

乾清宮在明代是皇帝居住的地方。清初仍沿明制。雍正帝移居養心殿後，這裏仍是皇帝臨軒聽政和行內朝禮的地方。乾清宮東面的昭仁殿，康熙朝時是皇帝讀書的地方。西面的弘德殿是皇帝傳膳、讀書、辦事的地方。乾清宮周圍的廊廡，除設置有關政務的機構，也設有關於皇帝生活起居的機構。東廡北頭三間，康熙帝題匾爲"御茶房"，實際上也是乾清宮太監的值房。再南三間爲端凝殿，取端冕凝旒（指皇帝冠冕要端莊嚴肅）之意，係沿明代舊稱。康熙帝題有匾曰"執事"，御用的冠、袍、帶、履均存放在此殿內，以備更用。再南三間仍屬於端凝殿範圍，是放置自鳴鐘的地方。此外還貯有藏香及各前朝皇帝用過的冠服、朝珠等。日精門之南爲御藥房。西廡北部，中三間爲懋勤殿，康熙帝幼年時曾在這裏讀書。凡御用圖書、史籍、紙墨筆硯等皆藏於此。月華門南有尚乘轎，專司侍奉皇帝出入乘輿。以上都是與皇帝起居有關的設置。

皇帝平時起居的情況，據乾隆初年的記載，大體如下：皇帝每天起牀後，常常是先進一碗冰糖燉燕窩，然後御乾清宮西暖閣或弘德殿或養心殿暖閣，翻閱以前各朝實錄或聖訓中的一冊。八時前後或更早一些進早膳，同時閱王公大臣要求陛見名牌。進膳畢，披覽內外臣工的奏摺，然後召見和引見庶僚。到下午二時左右進晚膳，再閱內閣所進各部院及各督撫的本章。晚間再隨意進晚點。皇帝若在瀛臺或其他御園居住時，其起居亦大體如此。

坤寧宮，是明代皇后起居的正宮。清代按規定也是皇后的正宮，但是清代皇后實際不住在這裏。皇后只有到交泰殿受賀前，在這裏休息一下。清初，這裏按照滿族的習慣仿瀋陽皇宮的清寧宮改建過。殿內明間和西部做爲祭神的地方；間隔東暖閣爲皇帝大婚的臨時洞房。

乾清宮與坤寧宮之間爲交泰殿，明代也是皇后的居所。清代則自乾隆開始，一直陳放皇帝的二十五枚寶璽、銅壺滴漏和自鳴鐘。千秋、元旦等節日，皇后在這裏受妃嬪、公主等人的賀禮。每年仲春，皇后赴先蠶壇行躬桑禮的前一日，在交泰殿閱視採桑工具。順治帝爲禁止太監擅權而鑄造的鐵牌，有一塊即陳放在這裏。

皇帝居住的養心殿，在西六宮之南。順治帝及雍正帝以後各代皇帝都住在養心殿後殿。後殿是皇帝的寢宮，臥室設在東暖閣的最裏間，其他各室是皇帝休憩的地方，陳設着各種珍貴的工藝品。後殿的東耳

房，是皇后休息的地方，西耳房及東、西圍房，是妃嬪暫憩的地方。同治帝年幼時，慈安皇太后曾住過東耳房，慈禧太后住西耳房。同治帝長大後，兩太后就分住鍾粹宮和長春宮了。以後同治皇后、光緒皇后都曾住東耳房。傳說，只有皇帝傳見后妃時，后妃才能入皇帝寢宮，至於皇帝是否去后妃宮，不見記載。

在後三宮的左右兩側，就是東、西六宮。明代是妃嬪居住的宮。清代皇后、妃、嬪等都住在這裏。清代規定皇后在後宮主內治。以下有皇貴妃一、貴妃二、妃四、嬪六，佐內治。另外還有貴人、常在、答應，無定額。事實上各代皇帝的妃嬪不受此約束。康熙帝先後有后、妃、嬪二十五人，貴人、常在、答應在內爲五十四人；乾隆帝先後有后妃二十四人，貴人、常在十六人。光緒帝只有后妃三人。后妃分別在十二宮居住，嬪以上爲各宮主位，貴人以下隨后妃居住。阿哥（皇子）、公主多另有住處，平時可以出入母親的居處，有的還隨其母居住到成年。例如咸豐帝幼年時就隨母住在鍾粹宮。但宮中的家庭氣氛並不濃厚，要在節日裏，帝后才與子女歡聚一堂。

東、西六宮內各有兩條筆直、南北走向的長街。每條街旁排列三座宮，各宮有自己的院牆。院門外東西走向有巷，巷東、西有門交於街，街巷交叉，規劃整齊，井井有條。東六宮的一長街，由內左門至瓊苑東門，左列景仁宮、承乾宮、鍾粹宮；二長街由麟趾門至千嬰門，左列延禧宮（清末已毀）、永和宮、景陽宮。西六宮的一長街，由內右門至瓊苑西門，右列永壽宮、翊坤宮、儲秀宮；二長街由螽（音：終）斯門至百子門，右列太極殿（啓祥宮）、長春宮、咸福宮。西六宮的格局與東六宮稍有不同，東西走向的巷劃分不夠明顯。原因是咸豐以後，爲了擴大儲秀宮和長春宮，將儲秀門、長春門拆除；又改建翊坤宮的後殿和太極殿的後殿爲體和殿、體元殿，形成西六宮現在的格局。東、西六宮每座宮院佔地約二千五百多平方米，由舉行儀式的前殿、寢居的後殿和東、西配殿等二十二間主要房屋組成。還有耳房、水房，一般是太監、宮女居住的地方。

清乾隆帝曾於東、西六宮內每宮正中懸掛御筆匾一塊；又於十二宮前殿各設屏風、寶座、角端、香筒一份，供后妃在本宮接受請安行禮等儀式用。又規定每年十二月在宮中張掛門神、春聯；同日在各宮前殿西牆和東牆分別張掛宮訓圖和御製贊，至次年二月收門神時一並撤下收貯。宮訓圖、贊的內容，取古代以美德著稱的后妃爲題，宣傳封建的婦道，以教訓后妃，作爲效法的榜樣。在十二宮曾居住過清朝九代皇帝的后妃，然而她們的居住情況沒有留下詳細記載，僅從有關史料中反映出一鱗半爪。現將十二宮的匾、宮訓圖、贊，以及后妃居住情況列表如下：

項目 宮殿	乾隆御筆匾	宮訓圖、贊	曾居住后妃
景仁宮	贊德宮闈	燕姞夢蘭	康熙帝生於此。雍正孝憲皇后、嘉慶孝淑皇后做太后時居此。光緒帝珍妃居此。
承乾宮	德成柔順	徐妃直諫	順治帝董鄂妃居此。
鍾粹宮	淑慎溫和	許后奉案	咸豐帝幼年隨孝全皇后居此。光緒母后慈安太后居此並死於此。光緒孝定皇后居此。
延禧宮	慎贊徽音	曹后重農	
永和宮	儀昭淑慎	樊姬諫獵	康熙孝恭皇后曾居此並死於此。光緒帝瑾妃居此。
景陽宮	柔嘉肅敬	馬后練衣	
永壽宮	令儀淑德	班姬辭輦	
翊坤宮	懿恭婉順	昭容評詩	
儲秀宮	茂修內治	西陵教蠶	嘉慶孝淑皇后、道光孝慎皇后、同治孝哲皇后、光緒慈禧太后都曾住此。
太極殿(啓祥宮)	勤襄內政	姜后脫簪	
長春宮	敬修內則	太姒誨子	慈禧太后曾居此。乾隆孝賢皇后停靈於此。
咸福宮	內職欽奉	婕妤當熊	

現在故宮博物院內的前三殿、後三宮和養心殿；西六宮的長春宮、太極殿、儲秀宮及翊坤宮等，均根據陳設檔案，陳列着當時帝后居住的情景。

皇帝及宮眷在紫禁城裏生活起居，要役使大量的太監和宮女等人。這些宮僕也就成了清宮生活的一個組成部分。

清初設內務府管理皇室事務，仍沿用太監管理宮內生活事務。順治帝鑒於明代宦官擅權的弊病，除大量裁減太監外，於順治十二年（1655年）六月還特諭嚴禁太監干預朝政，犯者凌遲處死；並鑄鐵牌陳放在內務府、交泰殿、敬事房等處。康熙十六年（1677年）為加強對太監的管理，在內務府管轄下設敬事房管理太監。雍正年間，更規定太監官銜，分別為：正四品總管為宮殿監督領侍衛；從四品總管為宮殿監正侍衛；六品副總管為宮殿監副侍衛；首領為七、八品；後又規定太監品級不分正從。敬事房的職責，是遵奉上諭，辦理宮內一切事務。包括甄別、調補、賞罰宮內太監，履行宮內應行禮儀，討取外庫錢糧，察視各門啓閉，巡察火燭、坐更、關防，承行內務府及各衙門來文，以及記錄皇子、公主生辰、帝后妃嬪死亡情況，備修玉牒（皇帝族譜）之用等等。敬事房設在乾清宮的南廡，嘉慶朝後遷至東六宮東北的北五所。敬事房下有太監機構一百二十多處。

清代太監的人數，各個時代有所不同。在宮中及外圍等處，一般有二千五百多人，晚清只有一千五、六百人。招募太監，由內務府會計司會同掌儀司辦理。太監大多來自河北省的昌平、平谷、靜海、滄縣、任邱、河間，南皮、涿縣、棗强、交河、大城、霸縣、文安、慶雲、以及東光等地的貧苦人家。他們有的六、七歲就受到殘酷的生理摧殘，經過招募太監的牙行申報，挑選入宮。其中少數到王府服役。

另有一部分太監來自"謀逆"等重犯家屬，其父判死刑，要誅連子孫，但因年齡不夠十六歲，不能行刑，即監禁獄中，候長到十歲左右閹割為太監。大多數終身在宮中當牛做馬，有的被折磨致死。他們只有老病無力當差時，方可出宮為民。然而老病以後，因久別家鄉和往往被社會冷眼相待，多無人相認，最後悲慘地死去。只有極少數上層太監，可以捐款修廟，年老之後得以居於寺廟以終生。有的還可在寺廟繼續作威作福。清末太監李蓮英得寵於慈禧太后，破格加給二品頂戴的總管太監銜，既有權勢又有錢財，才能在宮外安家享福。

新太監入宮，要拜有地位的太監為師，學習宮中當差的禮節規矩，開始受師傅的役使，然後又受各宮主位、總管和首領的役使、欺壓。太監一般在各宮管陳設、灑掃、坐更等事；有的可傳遞內務府及各衙門的來文、奏事、傳旨等；有的管理寶璽、上用冠袍帶履和上用武備；有的則在膳房、茶房、藥房服役；還有的當喇嘛，在宮內佛堂唪經（誦經）；有的當道士；還有的在昇平署學戲、唱戲等等。

清代宮廷對太監定有嚴格的宮規，如有太監違犯宮規，輕則受皮肉之苦，重則由內務府愼刑司懲辦。有的太監在宮中不堪虐待，經常逃跑。宮中便規定凡太監逃跑，第一、二次自行投回的，處分較輕，責打後交吳甸（南苑）鍘草。若被拿獲或逃跑三次以上的，責打後交愼刑司，要枷號一兩個月，並發黑龍江給兵丁為奴，永遠不得返回。凡逃跑的，很少有不投回或不被拿獲的。有的因偷東西被當衆打死。有的無法忍受折磨，走投無路，惟有自殺。宮中認為自殺不吉利，處理更嚴。規定如有太監在宮內自殺，經人救活者，本人絞監候（絞刑待秋後執行）；身亡者，將屍骸拋棄荒野，其親屬發伊犁給兵丁為奴。

清宮的宮女來自內務府包衣（家奴）家的女孩。凡年滿十三歲的女子，每年引選一次，由內務府會計司主辦。她們入宮後，主要供內廷各宮主位役使，服侍后妃生活。按當時后妃使用宮女的規定：皇太后十二人、皇后十人、皇貴妃、貴妃八人、妃、嬪六人、貴人四人、常在三人、答應二人。不過各宮實用宮女比規定數目要多。此外阿哥、公主、福晉下也有宮女。清宮宮女的總數未見記錄，以乾隆三十三年（1768年）為例"內廷主位下使用女子一百零四人"，如果連同皇太后、太妃、阿哥、公主、福晉各宮，宮女的人數也相當可觀。

宮女被選入宮後，不得回家與父母相見，父母也不得入宮看女兒，直到廿五歲才能出宮婚配。她們居住在各宮的小屋裏，平時一言一行都要嚴守規矩，不能嬉笑，不能高聲說話。宮女中也有個別被皇帝看中，得到內廷主位的封號。如咸豐三年（1853年）一名宮女被封為玫常在。咸豐八年（1858年）又由貴人晉封為玫嬪。但這種情況很少發生。一般宮女都只能處於奴僕地位。有的經不起折磨而自盡，有的甚至被毆打致死。有的宮女在折磨下生病或變得獃笨，因而被遣出宮。這些年僅十二、三歲的女孩，只因出身在包衣家庭，就要無條件地送入宮廷去服役。

172

173

174

172.養心殿後殿

從雍正帝開始，養心殿前殿爲皇帝日常處理政務的地方，後殿是寢宮。前後殿之間有廊相通，皇帝只要通過前殿寶座後的左、右門，就可回到寢宮。除被召的后妃眷屬和隨侍太監外，任何人不得隨便出入寢宮。寢宮共五間，作一字排開。正間和西間是休憩的地方，最東間是皇帝的臥室。正間沿牆設木炕，炕上設坐墊，也稱寶座牀。炕上有一排矮櫃，代替了炕几，以便於臨時存放東西。櫃上擺多寶格。格內有翡翠、珊瑚、青金石、瑪瑙、玉石等製造小巧精緻的手工藝品。牆面是大臣寫的唐代律詩，兩側掛瓷春條一對。現在的陳設是同治、光緒時期的情景。殿內裝修不算華貴，但陳設別具風格，繁而不俗。

173.青玉如意

如意，漢魏時即有。最初爲搔癢工具，後逐漸演變爲象徵吉祥的禮品或陳設品。

174.紅雕漆花卉柿式唾盂

唾盂是用具。柿式唾盂和如意諧音"事事如意"，是皇帝的心願。這兩件東西都是擺在皇帝寶座上的，是清代宮中不可或缺的生活品。

175

176

177

175.皇帝的臥室—養心殿後殿東暖閣

皇帝的牀設在後殿東暖閣後部。
長一丈多的木炕上設牀帳。夏用紗、
羅帳，冬用綢緞夾帳。帳有帳簷、飄
帶。帳內掛着裝香料的荷包和香囊，
既散發香氣又是裝飾品。被褥均用綢
緞繡花面，枕頭爲長方形。室內冬暖、
夏涼。冬季在室外屋簷下坑內燒柴，
熱氣通入室內磚面下的烟道以取暖，
加上室內地面鋪氈毯，並擺有許多燒
炭的火盆，足以驅寒。夏季院子裏搭
蘆蓆涼棚，既遮陽又通風，室內比較
涼爽。

176.掐絲珐琅桌燈

桌燈有帽、燈、座三部分。帽四
角龍頭掛珐琅穿珠穗，中部珐琅框中
鑲玻璃以透光，用時中間燃蠟。

177.隨安室

在養心殿東暖閣的東北隅，是皇
帝齋戒時的臥室。每逢祭祀前二、三
天，皇帝便開始齋戒，遵行"六禁"，
即不飲酒、不茹葷、不理刑名、不宴
會、不聽音樂，以及不入內寢等，以
示誠敬。

178.嘉慶帝朝服像

縱271cm　橫141cm

嘉慶帝名顒琰，清入關後第五代
皇帝。生於乾隆二十五年（1760年），
爲乾隆帝第十五子。六十年(1795年)
册立爲皇太子。次年乾隆帝傳位於顒
琰，年號爲嘉慶，乾隆帝爲太上皇。
嘉慶二十五年（1820年）卒於承德避
暑山莊，終年六十一歲。

179. 養心殿後殿西暖閣

這裏與東暖閣一樣，也設有一處牀帳，但是皇帝不常在這裏睡覺。

180

180. 澡盆

皇帝的私人生活，都由太監服侍。每天盥洗和夏日沐浴的用具，都是由太監持進使用，用畢撤出。這長圓形藤編髹朱漆描金澡盆和手巾都是清宮遺物。

181. 便盆

帝后用的便盆多屬銀或錫的。此件木架坐檻便盆，中間是橢圓形有蓋銀盒。盒蓋爲活扉板，用以間隔污物。平時放在龍牀側小隔間內，用時由太監伺候。

182. 金花絲嵌寶石爐、瓶、盒

古代讀書人在書案上用爐焚香，以爲高雅。金花絲嵌寶石爐、瓶、盒就是焚香的一套用具。當時用的是檀香、沉香、龍涎香、切花香等塊香。爐的蓋、耳、足、座都是金花絲嵌紅、藍寶石和綠松石。蓋上有孔，爐身嵌綠松石組成的鎖子紋。金花絲嵌寶石瓶在松鶴托座之上。瓶中插有銅鍍金鏟一柄，筯一雙。鏟用以鏟香灰，筯用以夾香料。金花絲嵌寶石梅花式盒下有梅花托座，盒是盛香料用的。

181

182

183. 畫珐瑯福壽花卉冠架
高28.5cm　徑13cm
　　冠架是帝后生活中不可缺少的用
具，放在炕桌或案上，以便放冠。

184. 養心殿後殿紫檀雕雲龍大櫃
通高2.92m　面寬1.76m
　　帝后起居的地方都有大櫃，用來
存放隨時更換的冠袍帶履以及陳設品
等等。養心殿後殿的龍櫃，分上下兩
截，亦稱頂豎櫃。櫃門是紫檀木板浮
雕，線條流暢，層次分明。每扇門上
有五條龍遨遊於密集的雲層之中，形
象生動。

185. 紫檀嵌銀絲鑲玉冠架
　　冠架的質地很多，有瓷、玉、珐
瑯、木雕等。這個冠架是清宮造辦處
造的。在紫檀木上嵌銀絲。嵌銀絲又
叫商絲，是在紫檀木上刻出花紋，把
銀絲嵌進去的，工藝相當精緻。冠架
上放的是皇帝常服冠。

186. 象牙蓆
長120cm　寬132.5cm
　　是用象牙劈成薄如竹篾，寬不足
0.3cm的扁平象牙條編成。紋理細密
均勻，表面平整光滑，夏季鋪墊涼爽
宜人。為皇帝的御用品。清雍正至乾
隆初年，廣東官員屢有貢品，但清宮
只留下兩張。

184

185

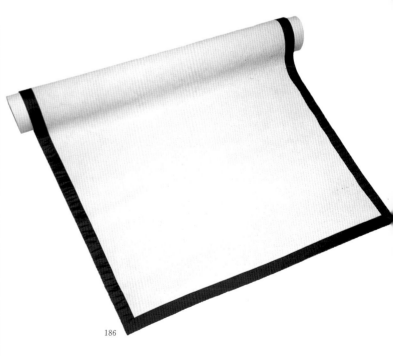

186

187. 鼻烟壺

　　鼻烟是將烟葉去莖，磨成粉，再
經發酵，或加香料製成的。用指拈烟
於鼻嗅之，味濃辣。清代皇帝多好之。
鼻烟經常由廣東進貢，價值昂貴。裝
鼻烟的壺，均小巧精緻，質地繁多，
造型各異。清宮遺留的鼻烟壺，質地
有瑪瑙、翡翠、瓷、畫珐琅、掐絲珐
琅、晶石、金星料、套料、攪料、內
畫等。鼻烟壺本身成爲一種豐富多彩
的工藝品。

188. 錶

這些懷錶，是十八世紀時英國和
法國製造的。

189

189. 彩漆描金閣樓式自開門群仙祝壽鐘

據記載，光緒八年（1882年）時內廷各宮殿陳設時鐘三千四百多座。這座鐘是乾隆年間養心殿造辦處的做鐘處製造的。鐘樓分兩層，能報時報刻，並有玩意。每逢三、六、九、十二時，隨着樂聲，上層三門自開，有三個持鐘人出來，中間人敲鐘報時，左右兩人敲鐘報刻。同時下層人物轉動。時刻報完，樂止，持鐘人入門，門自閉。

190. 西六宮鳥瞰

這裏是西六宮。中間通道就是西六宮的西二長街，南有螽斯門，北有百子門。西二長街左側從南到北為永壽宮、翊坤宮、儲秀宮；右側是太極殿、長春宮、咸福宮。後又增建有體和殿、體元殿，均為后妃的寢宮。

191. 鍾粹宮外景

鍾粹宮是東六宮之一，有前、後殿及東、西配殿，共二十二間。這是前殿的外景。此宮建於明代，清代多次重修，現在前簷和宮內裝修是清代後期的。明初稱咸陽宮為皇太子居處。前殿為興隆宮，後殿為聖哲殿，隆慶年間更名鍾粹宮。清代為后妃住所。乾隆時宮內掛御筆"淑慎溫和"匾。每年十二月至次年二月初在宮內東、西兩牆掛宮訓圖——《許后奉案圖》和《許后奉案贊》。咸豐皇帝年少時曾住過這裏。後來孝貞顯皇后（即慈安皇太后）及光緒皇后均住在此宮。

191

192. 麗景軒夜景

　　麗景軒原爲儲秀宮的後殿。慈禧
太后初入宮時曾居於此，並在這裏生
下咸豐帝唯一的兒子，即後來繼位的
同治皇帝。慈禧太后五十整壽時，便
將後殿命名麗景軒。

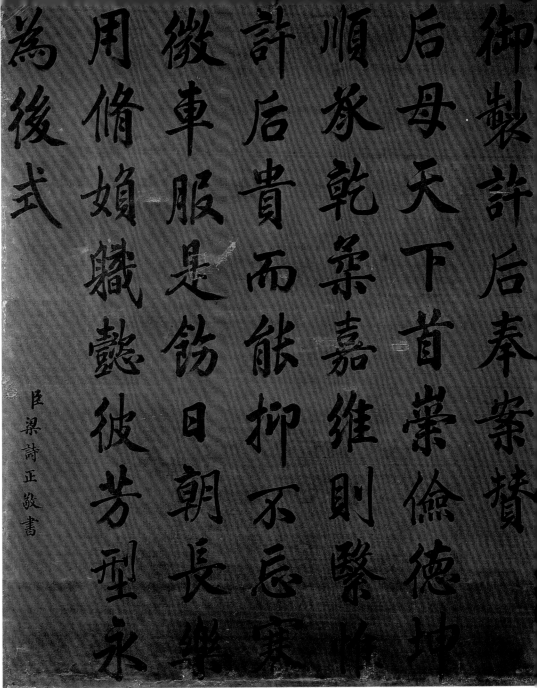

御製許后奉案贊

許后奉天下首崇倫德地
順承乾柔嘉維則繄惟
許后貴而能抑不忘寒
微車服是飭日朝長樂
用脩娟職懿彼芳型永
為後式

臣梁詩正敬書

194

193.《許后奉案圖》

乾隆初宮廷畫家繪製。畫的是漢
宣帝許皇后親自給皇太后奉案上食的
故事。每到年節時，東、西六宮都掛
上有教益的故事圖和贊，以為后妃的
楷模。此圖新年時掛於鍾粹宮。

194.《許后奉案贊》

贊四言十二句，為乾隆帝所作。
尚書梁詩正書。贊以許后為典範，告
誡后妃永遠效法。

195.孝和睿皇后朝服像

縱241cm 橫113.2cm

孝和睿皇后鈕祜祿氏，滿洲鑲黃
旗人。嘉慶元年（1796年），廿一歲，
封貴妃，二年封皇貴妃，四年册立爲
后。道光元年（1821年）尊爲皇太后，
道光二十九年（1849年）卒，時年七
十四歲。

196.長春宮內屏風、寶座

長春宮是西六宮之一，建於明
代。明嘉靖十四年（1535年）改名永
寧宮，萬曆四十三年（1615年）復名
長春宮。清康熙二十二年（1683年）
重修，光緒時又重修。這裏是后妃居
住的地方，乾隆帝的孝賢皇后於乾隆
十三年（1748年）卒於帝東巡途中，
曾臨時停靈於此。後將其衣冠供奉在
長春宮，至乾隆六十年（1795年）始
撤出。同治時慈禧太后曾住這裏。

乾隆初年，乾隆帝曾令將東、西
十二宮，每宮陳設屏風、寶座一份，
並令以後永遠不許更改，但以後各代
屢有變動。屏風、寶座設於宮之正中，
作爲向后妃行禮、問安的場所。一般
有屏風一座、寶座一座、宮扇一對、
香几一對、香筒一對、甪端一對。現
在這裏陳列的是乾隆時製造的紫檀木
邊座漆心染牙竹林飛鳥五屏風一座、
紫檀木座孔雀翎宮扇一對、紫檀雕花
寶座一座，兩旁紫檀香几上有琺瑯亭
式香筒一對，還有掐絲琺瑯仙鶴蠟臺
一對。

195

144

197.黑漆描金鏡奩

　　清中期製。鏡為銅鏡，奩為方形
匣，匣內有放梳具的抽屜。

198.銅鍍金鏤花鑲玳瑁嵌琺瑯畫片帶
　　錶妝奩

　　這是十八世紀英國製造的。匣以
犀牛為足，上端有錶，錶下有鏡。匣
裏裝有香水、剪刀、眉筆等化妝用品。

199.帶錶琺瑯把鏡

　　全長29cm　直徑13.5cm
　　玻璃鏡周圍嵌假鑽石，把上嵌小
錶。是十八世紀時，英國所製。

198

199

200

200.象牙雕花梳妝匣

　　匣蓋上雕雲龍紋，周圍雕有丹鳳
朝陽、喜鵲登梅、鴛鴦戲水、鶴鹿同
春等吉祥圖案，匣內除有放梳具的抽
屜外，還有牙雕盒，是裝香粉、胭脂
的。

202

201. 紫檀嵌螺鈿大理石心炕桌

大理石因產於中國雲南大理縣而
得名，有黑、白、灰、黃、青等顏色，
紋理呈山川雲物之狀，用以做裝飾。
這件紫檀嵌螺鈿的炕桌，即以大理石
為桌面，石面呈雲狀。桌上擺有海鷗
蠟臺、翠蓋碗、水烟袋等。水烟袋嘴
長93cm，使用時，一定要旁人為之點
烟。

202. 紅漆嵌螺鈿壽字炕桌

中國北方民間習慣於休息時坐
炕。炕上擺矮腿的桌，叫炕桌。帝后
的寢宮到處有炕，所以清宮遺留下許
多各種樣式的炕桌。這件紅漆嵌螺鈿
炕桌，是清宮舊藏。桌面用螺鈿鑲嵌
有各種壽字，是一件非常精細的壽辰
貢禮。

203. 黃花梨嵌螺鈿盆架、招絲琺琅蓮
花壽字面盆

盆架高2m　面盆邊沿直徑63cm
盆徑48cm　盆高10cm

盆架通體嵌螺鈿夔龍夔鳳紋，正
中是一幅進寶圖。后、妃盥洗都由宮
女伺候。宮女端水，如有灑出或打翻，
就要受到處罰。

203

204.金嵌寶石蠟臺

高34.3cm

宮殿裏照明都用蠟燭。蠟燭的
使用，或插在蠟臺上，或插在燈籠裏，
視不同場合而定。桌上用的蠟臺都較
短小。這件金質嵌寶石蠟臺，是桌用
蠟臺之一。

205.掐絲琺瑯壽字蠟臺
　　高1.24m
　　掐絲琺瑯纏枝蓮底座上有壽字，
壽字上有"萬"字紋，與銅鍍金的竹
節柱諧音寓意爲"敬祝萬壽"。蠟
臺上插的是宮廷中常用的蠟燭，每根
高36cm，盤雲龍紋。

206.硬木框大吉葫蘆挑桿落地燈
　　宮燈質地有牙雕、琺瑯、雕漆、
硬木鑲嵌、各式玻璃等，此外還有羊
角燈。形式繁多，有掛燈、桌燈和手
提燈。造型多樣，有亭式、魚式、花
籃式、圓式及四方形、多角形等。這
是在室內用的座燈之一。

205

207

206

207.青玉海晏河清蠟臺
　　蠟臺底座雕龜伏於波濤之上，
龜的背上立一展翅海燕，燕頂樹蠟扦。
這是皇帝書房經常用的蠟臺之一。

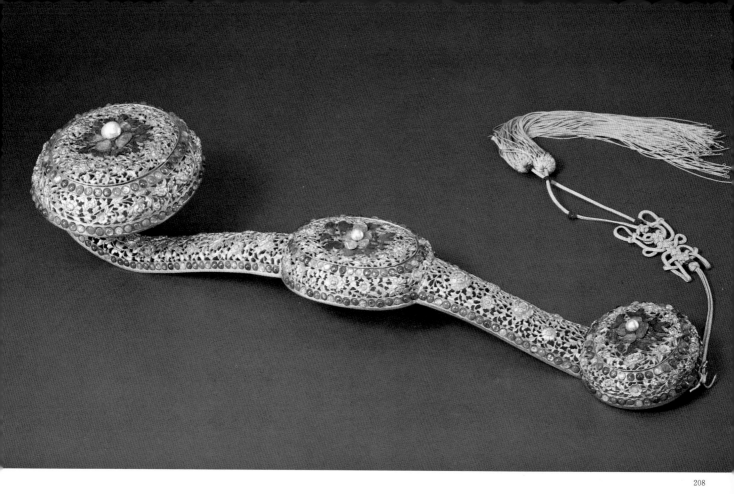

208.金纍花嵌寶石如意花薰

　　這柄如意的頭、尾、中間三處是
盒，有活蓋，可以放入香花，因此叫
花薰。

**209.畫琺瑯海棠式黃地花卉開光雙鹿
　　手爐**

　　手爐是冬天取暖用的。用時裏面
燃木炭，從蓋上的孔散發熱氣，以暖
手。

209

210.畫珐瑯黃地藍龍痰盂

211.青花蝴蝶瓷痰盂

212

212. 潮州扇

213. 清宮用各式扇

　　清宮用扇，很多是地方貢品，有
緙絲、絹繡、畫絹、鳥羽等團扇，也
有摺扇。潮州扇是廣東潮州的貢品，
為竹絲骨絹扇，繪有人物山水。

213

214.青玉浩然閣掛屏

　　掛屏是宮廷中牆面的裝飾，有各種工藝的掛屏。這是在寢宮中透過欄杆式花罩看牆上掛屏。掛屏爲漆地，嵌着由青玉、孔雀石、青金石、螺鈿等構成的畫面。重簷二層的浩然閣聳立岸邊，踞高臨下，波濤中有幾艘漁家小舟游弋江上。水面不時露出礁石，對岸有山。

215.儲秀宮陳設

　　儲秀宮是西六宮之一。建於明代，曾名壽昌宮，明嘉靖十四年（1535年）改名儲秀宮。清順治十二年（1655年）重建，以後屢次修建，現在保存的是光緒十年（1884年）爲慈禧太后五十壽辰修建後的狀況。宮內的陳設，在紫檀翹頭案上，擺着高大的紅珊瑚盆景，左邊牙雕慶壽龍船，右邊牙雕慶壽鳳船，都是爲慈禧太后慶壽的貢品。案前有紫檀方桌和椅，歇息用。

216

216.金嵌珠寶裝飾青金石象

宮中象形的陳設，往往稱"太平
有象"，象徵着平安、太平。這是一
對乾隆年製，青金石雕琢的陳設品。
青金石的主要產地是阿富汗，硬度相
當於玉石，是寶石之一。清代西北地
區少數民族王公、台吉的貢品，宮廷
收藏極少。象身裝飾和底座金質，上
面鑲嵌各色寶石、珍珠。傘緣是幾千
顆小珍珠穿綴的。

217.象牙雕刻群仙祝壽龍船

長91.5cm 寬23.5cm 高58cm
龍船雕刻精細，船分上、中、下
三層。上層有龍鳳旗、蓋、傘；中層
有福、祿、壽三星；艙內有手持笛、
簫、笙、雲鑼、鈸、角、鑼的樂隊，
其間有白猿獻壽桃給西王母；下層有
韓湘子、何仙姑、呂洞賓、張果老、
曹國舅、藍采和、漢鍾離、鐵拐李八
仙；艙內有人擊鼓敲鑼。船尾有舵工，
船兩側有划槳工。

217

218.水晶雙魚花瓶

　　水晶有無色的，也有紫晶、烟晶、茶晶、鬃晶、髮晶等多種。硬度相當於玉石，雕琢工藝與玉石相同。陳設品一般選用透明無瑕的水晶。這件雙魚陳設，取其寓意"有餘"。雙魚歡騰跳躍，雕琢精細。魚嘴是插花處。

219.文竹多寶格

　　高66cm　長57cm　寬18cm

　　文竹器產於中國盛產竹子的江南。這件多寶格造工細膩，用深淺不同的竹皮貼成紋飾。

220. 翡翠丹鳳花瓶
　　高 30 cm
　　這樣高大的翠料花瓶比較難得，
也是宮廷遺物中唯一大型翠花瓶。這
瓶別具匠心，巧將黃翡、綠翠作為牡
丹、鳳凰花紋。　　　　　　　220

221. 金天球儀

　　天球儀，又叫渾天儀、天體儀。
大約一千八百年前中國古代科學家就
創造了這類儀器，以觀測天體運行。
這件用黃金作球體，以珍珠鑲嵌星辰
的天球儀，是清乾隆時製造的模型。

222. 紅寶石梅花盆景

　　盆景是宮中常見的陳設，尤其在
節日，除擺設鮮花外，殿裏要添擺各
式珍貴的盆景。這座梅花盆景，形象
逼真。每朵梅花都是金托，花瓣嵌紅
寶石，全數花朵共用了一千多塊紅寶
石製成。

222

223. 芙蓉石爐

　　芙蓉石，也稱薔薇石英，呈粉紅
色，硬度與玉石相同，清代多爲大臣
進貢。芙蓉石的陳設，清宮收藏極少，
是珍貴的玩賞品。這件質地瑩潤，顏
色鮮艷的石爐，是難得的佳品。

223

224

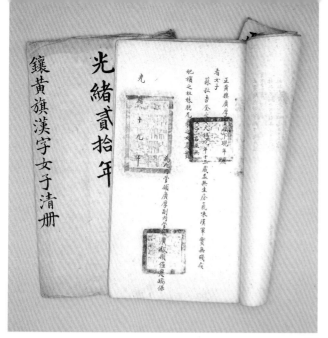

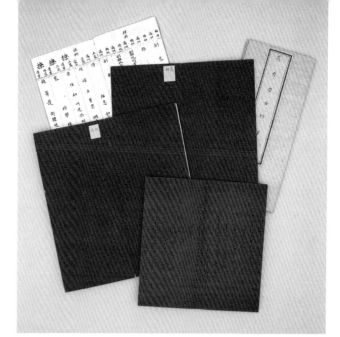

225

226

227

224. 漱芳齋內的多寶格

多寶格是宮殿內部的一種裝修。格局多種多樣，適合陳設不同造型的文玩。漱芳齋內的多寶格，體量較大，陳設品繁多。乾隆帝經常在此陪崇慶太后進膳。

225. 選宮女清冊

宮女是宮廷中各位女主人的僕人。這是光緒十九年（1893年）選宮女的清冊。

226. 選秀女排單

清代規定凡是八旗官員女子，年在十三至十六歲的都要參加每三年一屆的秀女挑選；到十七歲以上，謂之逾歲，需要挑選時，則列在合齡女子之後。選秀女由戶部主辦，屆時寫出秀女排單，每排三、五人不等，分排領進應選。選中的秀女備為內廷主位，或為皇子、皇孫拴婚，或為親王、郡王及親王、郡王之子指婚。康熙、同治、光緒帝都因年幼即位，大婚時在秀女中挑選皇后。圖中，前面一本是同治十一年（1872年）選秀女排單。單中所列蒙古正藍旗崇綺之女阿魯忒（音：特）氏，就是後來的同治皇后，家住地安門板廠胡同。後面的排單上標有"撩"字的，即未被選中。

227.《內起居注》

記載皇帝在內廷和園囿起居生活的冊子。這頁咸豐三年（1853年）的內起居注，記載着皇帝御圓明園九洲清宴宣諭立皇后之事。

228. 敬事房匾

　　康熙十六年（1677年）爲加强對太監的管理，在內務府管轄下設管理太監的機構敬事房，又名宮殿監辦事處。康熙皇帝爲之寫匾。地點在乾清宮南廡。敬事房設總管（四品官）、副總管（六品官），奉上諭辦理宮內一切事務，如甄別、調補、賞罰宮內太監等等。大約嘉慶以後遷至北五所。這塊匾是光緒時慈禧太后寫的。

228

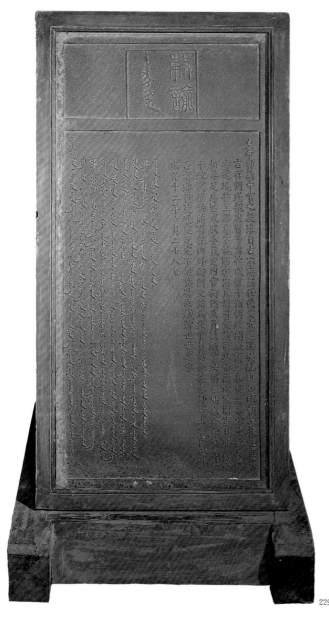

229

230

229. 順治鐵牌

　　高144cm　寬60.18cm　厚3.2cm

　　順治帝鑒於明代太監弄權專政之弊，於十二年（1655年）六月二十八日下諭旨：“中官之設，雖自古不廢，然任使失宜，遂貽禍亂。近如明朝王振、汪直、曹吉祥、劉瑾、魏忠賢等專擅威權，干預朝政，開廠緝事，枉殺無辜，出鎮典兵，流毒邊境，甚至謀爲不軌，陷害忠良，煽引黨類，稱功頌德，以致國事日非，覆敗相尋，足爲鑑戒。朕今裁定內官衙門及員數，執掌法制甚明，以後但有犯法干政，竊權納賄，囑托內外衙門，交結滿漢官員，越分擅奏外事，上言官吏賢否者，即行凌遲處死，定不姑貸。特立

鐵板，世世遵守。”並命工部鑄鐵牌立於十三衙門（清初設內務府管理皇族事務，順治十一年（1654年）裁，置十三衙門，至十八年（1661年）裁，仍置內務府），以後又將此牌立於內務府所屬的院、司公署。內廷的交泰殿也立有一塊鐵牌。

231

230.懲罰太監檔案

太監投身宮廷當差,內務府給予一定賞銀後,太監實際上失去人身自由,不能再回自己家,除非年老或有嚴重疾病,才能放出爲民。在宮廷當差,得任由主人驅使、打罵和虐待,所以太監經常逃亡或自盡。內務府對太監的逃亡、自盡等規定了嚴厲的懲辦制度。這是道光二十年(1840年)的一件檔案,是內務府愼刑司對逃走太監陳進福等四人,發遣到黑龍江給兵丁爲奴的公文。

231.太監塑像

高 20 cm

清晚期造,宮廷舊藏。這位癟嘴無鬚,滿面皺紋,含胸映肚,老態龍鍾的太監,頭戴黑絨冬冠,身穿箭袖長袍,外套石青補服,胸掛朝珠,足着皂靴;面部强作笑容,雙手曲縮,形態生動,表現出一位有品級又老於世故的太監逢迎主人的神情。

232.太監照片

232

233.太監値房

內廷每座宮殿都有太監,少者幾人,多則十餘人。管理本宮殿的陳設和灑掃,隨時聽召喚,承應各種差使,晚間輪班坐更。他們以宮殿周圍一些矮小的房屋作爲値房。這是養心門外的矮房,是當年養心殿太監的値房。

服用編

穿衣、吃飯、看病是每個人生活上不可缺少的要素，皇帝也不例外。但這些事在宮廷生活中，就和普通百姓大不相同。這些事在宮廷往往被政治化，要分等級，甚至會規定出種種制度，嚴格執行。清代制定這些制度的主導思想，一貫提倡要保持滿族的祖制，但實際生活中，因長期與漢族共同交往，必然相互影響。實際上，清宮中保存滿族舊制的成分較少，而漢化的成分却較多。

比較其他方面，清宮服飾的滿族特點保存得較多。早在崇德年間，皇太極就認為"服制是立國之經。我國家以騎射為業，不能改變國初之制。"後來乾隆帝更進一步闡明，遼、金、元諸君，不循國俗，改用漢、唐衣冠，致使傳之未久，趨於滅亡，深感可畏。所以力主不改祖宗的服制，並制定了完整的清代冠服制度。然而從乾隆年間所定冠服制度及清帝服飾的演變來看，都大量沿用了明代的舊制。如作為皇帝禮服的重要標誌十二章，就是按照明代帝服規定的，只是把位置改變了一下。乾隆帝把這種沿襲解釋成為遵循古禮，但這種古禮並不是滿族的祖制。

清代冠服明顯保存滿族舊制的，是綴有紅纓的覆缽形夏冠和摺簷的冬冠，均以頂子作等級的標誌；此外還有披肩和箭袖（俗稱馬蹄袖）。

清代的冠服制度，按等級分為皇帝、皇子、親王、郡王、貝勒、貝子、額駙（滿語，即駙馬）、公、侯、伯、子、男、將軍、一至九品官等多層。每一等級又各有冠、服、帶、朝珠（文五品、武四品以上等官用）等規定。皇太后、皇后、妃嬪以下至公主、福晉、夫人、命婦等，她們的冠、服、朝珠及其他裝飾，也各有不同的規定。

皇帝的冠服有冬、夏之分，其中衣服按不同用途，分為規格最高的禮服，包括端罩、袞服，是舉行大典時穿的；規格稍次，又稱龍袍的吉服；日常穿着的常服；巡狩時穿用的行服；還有雨服等。冠則有朝冠、吉服冠、常服冠、行服冠等多種。

皇帝的冠袍帶履，由內務府的四執庫管理，隨時伺候穿戴。

皇后的衣服，規定有禮服，包括朝袍、朝褂；吉服，又稱龍袍，包括龍褂；再有常服。冠有朝服冠、吉服冠，另外還有鈿子。

后妃的其他裝飾，大都有規定，如皇后穿禮服時要佩戴朝珠三掛，一掛東珠，兩掛珊瑚珠。此外還要佩帶彩帨（音：稅，類似手帕）、金約（額頭裝飾）、領約（類似項圈）、耳飾等，亦有等級差別。

宮中袍褂用料十分講究，各種綢、緞、紗、羅、緙絲以及用孔雀羽毛、金線、穿珠裝飾的衣料，都是由宮中派員到江寧、蘇州、杭州三織造衙門監督生產的。袍、褂等衣服也是由宮廷如意館畫師先畫樣，經皇帝審定，由三織造製造的。

清宮的膳食，有帝后日常膳和各種筵宴。皇帝的日常膳食由御膳房承辦，后妃的膳食由各宮膳房承辦。筵宴則由光祿寺、禮部的精膳清吏司及御茶膳房共同承辦。御膳房設官員及廚役等三百七十多人，御茶房及清茶房一百二十多人。兩處還有太監一百五、六十人。光祿寺、精膳清吏司僅官員就有一百六、七十人。

皇帝平時吃飯稱傳膳、進膳或用膳。平時吃飯的地點並不固定，多在皇帝的寢宮或經常活動的地方。吃飯的習慣，每天有早、晚兩膳。早膳多在卯正，有時推遲到辰正（早晨六時至八時前後）；晚膳却在午、未兩個時辰（十二點至午後兩點）。另外，每天還有酒膳和各種小吃，一般在下午和晚上，沒有固定的時間，由皇帝隨時隨意傳喚。每日準備什麼飯菜、某菜由何人烹調，逐日開單，由內務府大臣畫行後再做，責任明確，絲毫不能疏忽。

每到傳膳的時候，太監先在傳膳的地點佈好膳桌。膳食從膳房運來後，迅速按規定在膳桌上擺好。如果沒有特別諭旨，任何人都不能與皇帝同桌用膳。皇太后、皇后及妃嬪，一般都在本宮用膳。

皇帝平時的膳食，在清代檔案中有比較詳細的記載。例如：乾隆十二年（1747年）十月初一未正，皇帝在重華宮正誼明道東暖閣進晚膳，所擺的食品有：燕窩雞絲香蕈絲火熏絲白菜絲鑲平安果一品（紅潮水碗），三仙一品，燕窩鴨子火熏片鑲膪子、白菜鑲雞翅肚子香蕈（合此二品，張安官造）、肥雞白菜一品（此二品五福大琺瑯碗），炖吊子一品，蘇膾一品，托湯爛鴨子一品，野雞絲酸菜絲一品（此四品，銅胎琺瑯碗），芽韭炒鹿脯絲（四號黃碗）、燒麃子、鍋塌雞晾羊肉攢盤一品，祭祀豬羊肉一品（此二品銀盤），糗餌粉餈一品（銀碗），烤祭神糕一品（銀盤），酥油豆麵一品（銀碗），蜂蜜一品（紫龍碟），豆泥拉拉一品（二號金碗），小菜一品（琺瑯葵花盒），南小菜一品，菠菜一品，桂花蘿蔔一品（此三品，五福捧壽銅胎琺瑯碟）。匙、筯、手布。可見皇帝的飯菜是極其豐富的。

宮中帝、后、妃、嬪，每天膳食所需的物料，都按各處不同的份例備辦。

至於筵宴，名目繁多，各種筵宴又各有一定的規格。每年元旦和萬壽節在太和殿的筵宴，儀式隆重，規模較大。屆時，在丹陛上以及臺基下丹墀內，要佈席二百多桌。每桌陳設有六十斤麥粉造的各類餑餑，高達一尺二寸，所以又稱餑餑桌。入宴時二人一桌，桌上陳設方酥夾餡餅四盤，四色印子四盤、福祿馬四盤，鴛鴦瓜子四盤、小餑餑二碗，大餑餑六盤，紅白饊枝三盤，乾果十二盤，鮮果六盤、甎鹽一碟；主要由光祿寺備辦。殿內寶座臺上設御用大宴桌，由御茶膳房備辦。

宮中使用的食具，有金、銀、玉、瓷、琺瑯、翡翠，以及瑪瑙製作的盤、碗、匙、筯等，都是民間不能有的。瓷器多由江西景德鎮的官窰，每年按規定大量燒造。御膳房裏，除瓷器外，金銀器也很多。以道光時期為例，御膳房裏有金銀器三千多件，其中金器共重四千六百多兩（約合一百四十多公斤），銀器重四萬多兩（約合一千二百五十多公斤）。皇帝日常進膳用各式盤碗；冬天增加熱鍋、暖碗。大宴時的御用宴，大都用玉盤碗。乾隆帝還為萬壽宴特命製了銅胎鍍金招絲琺瑯萬壽無疆盤碗。此外，皇后、妃、嬪等還有位分盤碗，即皇后及皇太后用黃釉盤碗，貴妃、妃用黃地綠龍盤碗，嬪用藍地黃龍盤碗貴人用綠地紫龍盤碗，常在用五彩紅龍盤碗；均為家宴時用。平時吃飯則其他盤碗。

宮中規模最大的筵宴是康、乾時期的千叟宴。第一次是康熙五十二年（1713年）康熙帝六十壽辰在暢春園舉行，第二次是康熙六十一年（1722年）在乾清宮舉行。兩次大宴參加人數均在一千名以上，都是六十五歲以上的老人。乾隆時期宮中又舉行過兩次千叟宴，一次在乾隆五十年（1785年），有三千名六十歲以上的老翁與宴，地點在乾清宮。另一次是乾隆六十一年，即嘉慶元年（1796年），乾隆帝為慶賀"歸政大典"告成，在寧壽宮的皇極殿設宴，與宴者包括年逾花甲的大臣、官吏、軍士、民人、匠役等五千餘人，筵開八百餘桌；並賞賜老人如意、壽杖、文綺、銀牌等物。

皇帝、后妃有疾，由太醫院的太醫診治。太醫院是專為宮廷醫療的機構，院址在天安門的東南部。平時晝夜派太醫在紫禁城值班，以便及時為帝后等診治疾病。

太醫院院長稱院使，副職稱左、右院判，各一人。所屬官員有御醫、吏目、醫士、醫生等，一般通稱太醫，員額歷代增減不一。光緒朝的《大清會典》載：有御醫十三人，吏目二十六人，醫士二十人，醫生三十人。醫術分為九科：大方脈科、小方脈科、傷寒科、婦人科、瘡瘍科、針灸科、眼科、口齒科、正骨科。平時太醫自院使以下至醫士以上按所業專科，分班入宮，輪流侍值。太醫赴各宮看病，均由御藥房太監帶領。診治皇帝疾病，則須會同太監、內局合藥，將藥帖連名封記。具奏摺開載本方藥性、治症之法，並寫年月日，醫官、內監署名，以進呈皇帝閱覽。進藥的奏摺還要登記入簿，在月日下署名，由內監收管，以備查考。

煎調御藥，由太醫院官與內監監視，煎兩服藥合為一股。藥煎好後，分盛二碗，一碗由主治太醫先嘗，次院判、內監嘗，以檢驗藥有無失誤；另一碗進呈皇帝服用。太醫將藥方奏明後，交御藥房按方煎調，按規定辦理。如果和合後藥味有差錯，或不依本藥方，或者封題錯誤，均以"大不敬"論罪。如果皇帝的病，醫藥無效，甚至死亡，就要給予太醫院官處分。

太醫在宮中為皇太后、太妃、皇后、妃嬪等診治疾病，處方用藥，患者名位，醫者姓名，都須一一登記入簿，以備查考。就是宮廷的僕役如媽媽里、宮女，以及太監診病，也是如此。故宮博物院現在尚保存着太醫處方以及登記的簿冊。

在宮外的王公、公主、額駙以及文武大臣患病，也可請太醫診治。有旨，太醫即可差官前往，並將治療經過情況，具本回奏。如患者有所酬謝，也須奏明皇帝禮物收受與否，遵旨而行。皇帝出宮，前往各園囿遊幸、巡狩，太醫院官亦跟隨前往。

在紫禁城內的御藥房，設管理大臣等職官。御藥房所需藥材，取自太醫院，宮中均按定例給價，令藥商採辦，由太醫院官驗視，擇其佳者，以生藥交御藥房，由御藥房醫生切造炮製。御藥房掌管製造丸散，配藥時由太醫院會同監視。此外，各地朝貢的名貴藥材，逕直入宮，按皇帝旨意交御藥房使用。皇太后宮另設壽藥房。藥房內並供有藥王像。

234

234. 皇帝衮服

　　皇帝禮服之一。舉行重大典禮時，
皇帝將衮服套在朝服或吉服外。對襟，
平袖，略短於朝服、吉服。石青色緞。
其繡文爲五彩雲五爪正面金龍團花四
個。在左肩的團花內有日，右肩的團
花內有月。前後胸的團花內有萬壽篆
文。此係乾隆帝御用。

235.皇帝冬朝服

皇帝禮服之一，有冬夏之分。在隆冬季節，外面套上端罩。端罩是用紫貂或黑狐皮造的外衣；毛面，呈黑或褐色。這件冬朝服，披領及裳爲紫貂皮，袖端是薰貂皮。衣表明黃色，右袵，上衣下裳相連，箭袖。其繡文，兩肩及前後胸繡正面五爪龍各一條，前後胸下方有行龍四條，裳摺疊處有行龍六條，前後列十二章。十二章是古代帝王服裝紋飾，即日、月、星辰、山、龍、華蟲、宗彝、藻、火、粉米、黼（音：府）、黻（音：弗）十二種花紋。清代只有皇帝的朝服、吉服才有十二章。據說各有含意：日內畫金雞；月內畫玉兔；星辰畫北斗七星或三顆星，用意取其照明；山畫山形，取其鎮；龍取其變；華蟲畫雉，取其文繪；宗彝畫虎和蜼（音：柚，一種長尾猴）二獸，取其孝；藻畫水草，取其潔；火畫火燄，取其明；粉米畫碎者爲粉，整者爲米，取其養；黼形若斧，顏色半黑半白，取其斷；黻形若兩弓相背，半黑半青，取其辨。這件是康熙帝穿的朝服。

235

236.道光帝朝服像

　　縱257.5cm　橫138.7cm

　　道光帝名旻寧，清入關後第六代
皇帝，嘉慶帝次子，母孝淑睿皇后。
乾隆四十八年（1783年）生於宮內攝
芳殿。四十歲即帝位。道光二十年
（1840年）鴉片戰爭失敗後，列強相
繼入侵，中國遂由一個獨立的封建國
家逐步變成半殖民地半封建的國家。
道光三十年（1850年）死於圓明園愼
德堂，終年六十九歲。

237

238

237.皇帝夏朝服

皇帝朝服，有裘、棉、夾、單、紗
多種，分四季穿着。顏色也有四種：明
黃色是等級最高的顏色，用於元旦、
冬至、萬壽及祀太廟等典禮；藍色用
於祀天（圜丘、祈穀、常雩）；紅色
用於祭朝日；月白色用於祭夕月。

238.東珠朝珠

清代帝后、王公大臣和文官五品、
武官四品以上官員等，穿朝服或吉服
時，都要佩戴朝珠，掛在頸上，垂在
胸前。

朝珠每盤由一百零八顆圓珠串
成。一盤圓珠分為四份，份間加不同
質地的大圓珠一顆，叫做"佛頭"。其
中有一佛頭連綴葫蘆形的"佛塔"，
貫以"背雲"垂於背。在朝珠兩側還
有三串十顆小珠，左二串，右一串，
名為"紀念"。

朝珠質地有東珠、珊瑚、青金石、
密珀、翡翠、瑪瑙、水晶、紅寶石、藍
寶石、碧珌、玉等等。戴朝珠有嚴格
的規定。以東珠朝珠為最尊貴，只有
皇帝、皇太后、皇后才能佩戴。

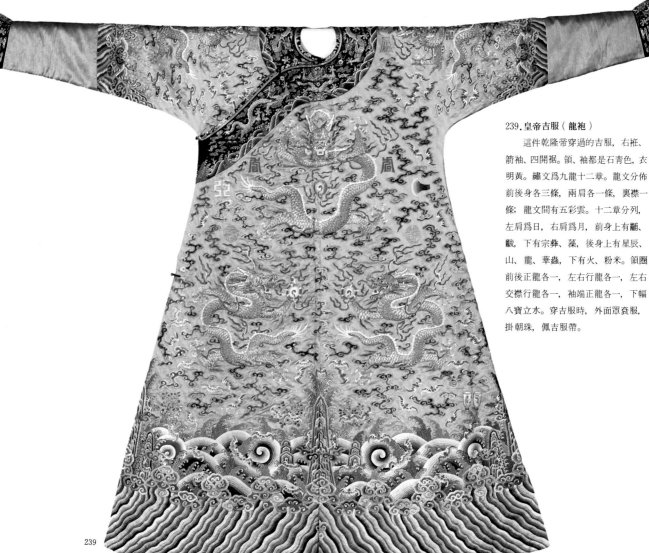

239

240

239.皇帝吉服（龍袍）

這件乾隆帝穿過的吉服，右袵、箭袖、四開裾。領、袖都是石青色，衣明黃。繡文為九龍十二章。龍文分佈前後身各三條，兩肩各一條，裏襟一條；龍文間有五彩雲。十二章分列，左肩為日，右肩為月，前身上有黼、黻，下有宗彝、藻，後身上有星辰、山、龍、華蟲，下有火、粉米。領圈前後正龍各一，左右行龍各一，左右交襟行龍各一，袖端正龍各一，下幅八寶立水。穿吉服時，外面罩衮服，掛朝珠，佩吉服帶。

240.皇帝吉服帶

皇帝穿朝服，腰間繫朝帶；穿龍袍、吉服時，繫吉服帶。朝帶有兩種，一種用於大典，為明黃絲織帶，帶上有龍文金圓版四塊，中間嵌寶石、東珠；一種用於祭祀，帶上用四塊金方版，嵌以東珠及各色玉、石。朝帶並有垂帶物品，即左右佩帉、囊、燧、觽、鞘刀等。吉服帶與朝帶顏色相同，形制相似。帶上的四塊金版嵌珠寶隨意，帶端的一塊版為帶扣；列左右的二塊有環，以佩帶帉（音：芬，摺疊起來的綢條）、囊（荷包）、燧（火鐮）。左邊帶觽（音：攜，解結的錐子），右帶鞘刀，後來還帶錶、扳指等。佩帶囊、帉，據說是因清代以馬上得天下，荷包用以儲食物，為途中充飢；帉可以代替馬絡帶，馬絡帶萬一斷了，就以帉續之。帉起初都用布，後來用於禮服，改用絲綢做裝飾了。

這條吉服帶，金圓版嵌珊瑚，有月白帉、平金繡荷包、金嵌松石套觽、琺琅鞘刀及燧等，是嘉慶帝用過的。

241. 黑緞繡萬壽字紅絨結頂帽
　　光緒年製。

242. 皇帝常服冠
　　皇帝的冠有朝冠、吉服冠、常服冠和行服冠。朝冠有冬夏之分。冬朝冠呈卷簷式，用海龍、薰貂或黑狐皮製成；夏朝冠呈覆鉢形，用玉草、籐、竹絲編織。其頂子爲柱形，共三層，每層爲四金龍合抱。龍上各飾東珠一，層間各貫東珠一，頂上端爲一顆大東珠。夏朝冠，另在冠簷上，前綴金佛，嵌東珠十五；後綴"舍林"，飾東珠七。吉服冠，頂子爲滿花金座，上端一顆大珍珠。行服冠，冬爲黑狐或黑羊皮、青絨造成，紅絨結頂；夏爲黃色，前綴珍珠一。這頂是常服冠，黑絨滿綴紅纓，紅絨結頂。

243. 皇帝常服
　　是皇帝的日常衣服，樣式與吉服同。面料、顏色、花紋隨皇帝選用。製造常服用的綾、羅、綢、緞、紗、繡花、緙絲以至禮服、吉服，大多是江寧、蘇州、杭州三織造所織造的上用品。這件絳色兩則團龍暗花緞常服，是乾隆帝穿過的，質地精細，紋飾規則。

244. 玉扳指
　　扳指原是拉弓射箭時套在姆指的
用具。自乾、嘉以來，已逐漸成爲裝
飾品。質地有翡翠、瑪瑙、珊瑚、水
晶、金、銀、銅、鐵、瓷等。這是乾
隆時遺留的玉扳指，體薄，有雕花，
能使用。亦可作爲裝飾品。

245. 皇帝行袍
　　行袍是行服之一。用於巡幸或狩
獵。行服的樣式似常服而較常服短十
分之一。爲了便於騎馬時將左襟和裹
襟撩起，右襟短一尺。這件是灰色江
綢兩則團龍夾行袍，乾隆年製。

246. 黃漳絨穿米珠、珊瑚珠朝靴
　　康熙年製。

247

247. 康熙帝雨服

這件朱紅色雨服，是用羽毛捻成紗線織成羽紗做的。羽紗上並壓有花紋，薄而挺，可以防細雨。

248. 藍緞平金繡金龍夾襪

249. 白緞繡五穀豐登棉襪

250. 香色綢繡花卉棉襪

清代一般穿布做的襪子。這些是皇帝用的綢緞繡花襪子，是秋、冬穿的。其質地和紋飾隨意選用。

248

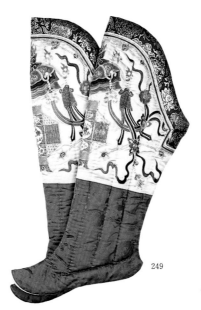

249

250

251.皇后朝褂（一）

　　皇后禮服之一。穿時套在朝服外。
於册封、壽辰等典禮中穿用。這件乾
隆時的朝褂是常用的樣式。對襟，無
袖，長與朝服齊，片金衣邊。石青緞
衣表上繡五彩雲金龍文，前後身立龍
各二條，下幅八寶立水。

252.皇后朝褂（二）

　　此朝褂亦乾隆年製。通身繡金立
龍文；自上而下爲四層。層間有水紋
及片金邊相隔。上層兩肩前後爲金立
龍各爲一。二、三、四層前後立龍各爲
十、十二、十六。總計龍紋七十八條，
爲龍紋最多的衣服。

251

252

253.皇后朝袍

254.皇后朝袍披領

　　這件明黃緞繡五彩雲金龍朝袍,
披領及袖皆石青色。主要繡文爲九龍。
分佈在前後身各三, 兩肩各一, 裏襟
一。披領有繡龍二、袖端正龍一、袖
相接處行龍各二, 兩掖前有片金邊,
爲與朝褂衡接處。領後垂明黃縧, 飾
有珠寶。乾隆年製。

255.東珠耳飾

　　后妃一份耳飾爲六個, 左右各三。
乾隆年製。

256.銀鍍金嵌珠寶領約

　　這件領約銀鍍金鏤花嵌珍珠、紅
寶石、珊瑚、青金石。後垂金黃縧,
是妃嬪用的。清中期製造。

慧賢皇貴妃

257.慧賢皇貴妃朝服像

　　慧賢皇貴妃，高佳氏，滿鑲黃旗
人。乾隆二年（1737年）封貴妃，十
年（1745年）晉封皇貴妃，是年卒，
追諡慧賢，葬清東陵裕陵。畫像中的
慧賢皇貴妃戴金鑲絲三鳳頂冬朝冠，
額上為金約，頸帶領約，身穿冬朝服、
朝褂，佩戴東珠朝珠一盤、珊瑚朝珠
二盤。胸前垂粉紅色雲芝瑞草帨，耳
垂東珠耳飾。

258.道光皇后朝服像

縱241cm 橫113.4cm

道光孝全成皇后，鈕祜祿氏。道
光二年（1822年）封爲全嬪，三年封
全妃，五年進全貴妃，十四年冊立爲
皇后。十一年生奕詝（咸豐帝）於圓
明園之湛靜齋。二十年（1840年）卒，
享年三十三歲。

按規定，皇后的朝冠，冬用薰貂，
夏用青絨。朝冠的頂子爲金纍絲三鳳
疊成，每層金鳳上各飾東珠十七顆，層
間貫一顆東珠，頂端爲大東珠一顆。
紅纓上，周圍綴金鳳七隻，各飾東珠
九顆，貓眼石一塊，珍珠二十一顆；
後有金翟（音：狄，長尾雉）一，飾
貓眼石一，小珍珠十六；尾部有垂珠五
行，共用珍珠三百零二顆，末端綴珊
瑚。冠後垂有護領，並垂明黃色縧兩
根，末綴寶石。

畫像中的孝全成皇后穿戴夏朝
冠。冠頂爲金纍絲三鳳頂。冠簷下爲
金約，頸戴領約。佩戴東珠朝珠一、
珊瑚朝珠二。胸前掛五穀豐登綠帨。
耳垂東珠耳飾。皇后的典型朝服。

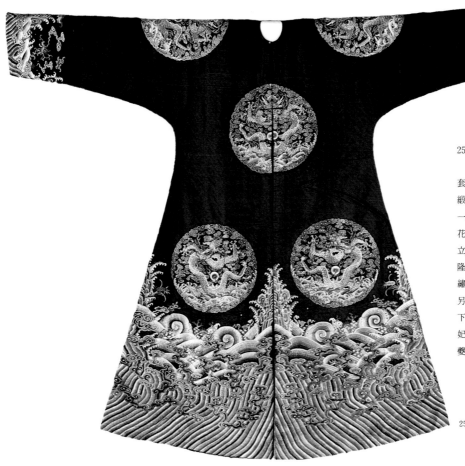

259.皇后龍褂

　　皇后吉服包括龍袍、龍褂。龍褂
套在龍袍外。有兩種紋飾。這件石青
緞繡五彩雲五爪金龍八團褂是其中之
一。其繡文，兩肩、前後胸爲正龍團
花，在襟前後各二爲行龍團花，下幅
立式水紋兼有八寶，稱八寶立水。乾
隆年製。當時承造這樣的細繡活計，
繡工晝夜趕製，也需四百多工。還有
另一種紋飾的龍褂，只有金龍八團，
下幅沒有花紋。皇太后、皇貴妃、貴
妃、妃龍褂都與皇后相同，嬪龍褂爲
夔龍團花。

259

260.皇后龍袍

　　龍袍是一般節日穿的。明黄色，
右衽，箭袖，兩開裾。袖爲石青色。
袖端正龍各一，袖相接處行龍各二，
衣紋與龍褂相同。領圈前後正龍各
一，左右交襟行龍各一。領後垂明黃
縧，飾有珠寶。這件明黃色緙絲五彩
雲金龍八團龍袍，乾隆年製。僅緙絲
就要用一千餘工。皇后還有一種五彩
雲九金龍的龍袍。皇太后、皇貴妃龍
袍與皇后相同。貴妃、妃龍袍金黃色，
嬪香色，領後皆垂金黃縧，飾以雜寶。

260

261

261.點翠穿珠花卉鈿子正面

262.點翠穿珠花卉鈿子背面

　　后妃穿朝服時戴朝冠，穿吉服時
戴吉服冠，還有一種類似冠的頭飾，
是滿八旗婦女在穿彩服的日子裏也戴
的，叫鈿子。鈿子有鳳鈿、滿鈿、半
鈿三種。鈿子前如鳳冠，後加覆箕，
上穹下廣；以鐵絲或籐做胎骨，網以
皂紗；或以黑絨及緞條製成胎，前後
均飾以點翠珠石。鳳鈿裝飾珠石九塊，
滿鈿八塊，半鈿五塊。這頂鈿子，飾
綴以點翠嵌飾珠石花卉，是滿鈿，為晚
清宮廷之遺物。

262

263.綠色二則團龍暗花綢女袍

　　清代后妃日常穿的袍，樣式與龍
袍相同。只是面料、顏色、花紋隨意。
此袍為道光年製。

263

264. 頭簪

簪的原意是連綴，因戴冠於髮要用工具，以後就把這種工具稱爲簪了。簪後來又變爲婦女頭上的裝飾品。貴族婦女"戴金翠之首飾，綴明珠以耀軀"，以滿頭珠翠爲榮耀。這些頭簪是清中期后妃戴過的點翠嵌珠寶頭簪。"點翠"是中國羽毛傳統工藝之一。它是用翠鳥藍、紫色羽毛絨，巧妙地黏貼起來的。色彩鮮艷，永不褪色。簪上有珍珠、翡翠、碧玺、珊瑚、寶石等珍貴材料。紋飾中有龍、鳳、蜻蜓、如意、佛手等等，大都構成二龍戲珠、鳳戲牡丹、事事如意、萬福萬壽等吉祥圖。

265. 品月緞繡玉蘭飛蝶氅衣

氅(音：廠)衣是清代後期出現的女服。衣肥，袖寬大挽起。兩開裾，裾高及腰。裾處沿邊有如意雲頭紋。衣周圍沿寬花邊，有二道、三道邊的。這件繡花氅衣，顏色素雅，是慈禧太后穿的。

266. 淺藕合緞繡團壽藤蘿女袍

清晚期製。

267. 杏黃緞繡蘭桂齊芳女袍

這是清代後期后妃穿的便袍。

265

266

267

268

268.伽南香鑲金裏嵌米珠花絲壽字鐲

伽南香，即沉香。產於印度、泰國、越南等地，是貴重木材，亦可入藥。用伽南香木造手鐲，取其香味。這副手鐲鑲金裏，在伽南香木上用米珠組成壽字和金花絲壽字，樣式別緻而名貴。

269.翠鐲

外徑7.6cm　內徑5.8cm

這副后妃戴的翠鐲，乾隆年製；綠色均勻、濃重、豔麗，質地晶瑩、滋潤、無暇，爲翠中之佳品；琢磨細膩，環形規整，是稀有的珍寶。

270.石青緞繡鳳頭厚底女鞋

此鞋造型別緻。繡花爲早期針法，鞋底厚而不高。清初製造。

271.紫緞釘綾鳳戲牡丹高底女棉鞋

清代后妃流行穿高底鞋。底有各種樣式。這兩雙鞋底，是清末代表樣式。

272.湖色緞繡蘭花盆底女鞋

269

272

270

271

273

273. 繡花褡褳

　　是相連的長口袋，可以儲錢物。大的搭在肩上。這是小的摺疊袋，亦稱褡褳，用時揣在懷裏或別在腰間，以放錢物。

274. 雍正妃常服像

　　縱184 cm　橫97.8 cm

　　這是《雍正妃行樂圖》之一。圖中妃所穿衣飾，是明末至清康、雍朝流行於南方上層社會的漢裝。這種漢裝只出現於行樂圖中，清宮內並無實物遺留。正如乾隆帝曾說，在行樂圖中着漢裝"不過是丹青遊戲，非慕漢人衣冠"。但在妃畫像中常出現漢裝，可見當時民間流行服裝對宮廷也是有影響的。

274

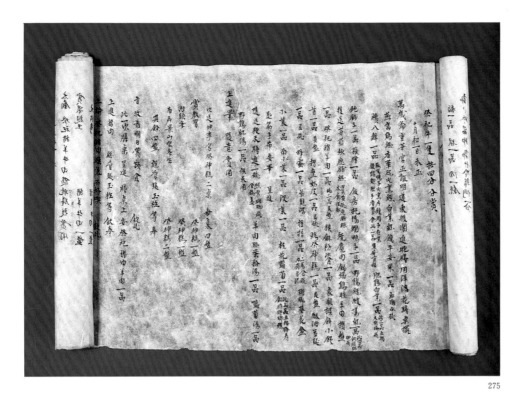

275. 膳單

清代皇帝的膳食由御膳房辦理。御膳房逐日將皇帝的早、晚飯開列清單，通稱膳單，呈內務府大臣批准，然後按單烹飪。圖爲乾隆十二年（1747年）十月初一日皇帝的膳單。

276. 太和殿筵宴圖

277. 乾清宮家宴

乾清宮是內廷的主要宮殿。每逢節日，內廷的慶賀禮以及宗親宴、家宴都設在這裏。圖中所見，是按照乾隆帝在乾清宮家宴的記載所擺設的。

在"正大光明"匾下、寶座臺上設皇帝宴桌。席上珍饈佳餚十分豐盛，並具有滿族特色。計有熱菜二十品，冷菜二十品，湯菜四品，小菜四品，鮮果四品，瓜果、蜜餞果二十八品，點心、糕、餅等麵食二十九品，共計一百另九品。萬壽節家宴，大多用銅胎鍍金的掐絲琺琅"萬壽無疆"盤碗。盤碗底有"子孫永寶"款。元旦、除夕等大宴一般用青玉盤碗。在寶座臺下，分東、西兩側擺陪宴桌。東邊頭桌爲皇后宴桌，設寶座，皇貴妃以下不設座位。家宴的陪宴者，有皇后、貴妃、妃、嬪、貴人、常在、公主等；宗親宴的陪宴者，有親王、郡王、貝勒、阿哥等。設多少陪宴桌，視陪宴者人數而定。皇后獨自一桌，其餘二人一桌。桌上擺熱菜、冷菜、糕點、瓜果等十五品。大宴的菜餚以雞、鴨、鵝、豬、鹿、羊、野雞、野豬肉爲主，並有燕窩、香蕈、蘑菇、木耳、鮮菜等等。

皇帝入座後，宴會即開始。冷菜事先擺好，順序上熱菜、湯菜。進膳後，獻奶茶。茶畢撤席。接着擺酒膳，御宴桌有葷菜二十品，果子二十品。陪宴桌有酒膳十五品。酒膳畢，大宴結束。

278.進膳用具

　　青玉柄金羹匙。青玉鑲金筋。金
鑲木把果叉。乾隆款金胎琺瑯柄鞘刀。
銅胎鍍金掐絲琺瑯萬壽無疆碗。這幾
種食具都是皇帝進膳時用的。均爲乾
隆年製。

279

279.翡翠碗

280.瑪瑙碗

　　翡翠和瑪瑙，古代即認爲是珍貴
玉料，因爲它質地堅硬光潤，色彩絢
麗。這兩件珍寶都是乾隆時大臣進獻
的。

280

281.金鏨雲龍紋執壺、金盅

281

282.花梨木酒膳挑盒

此挑盒造工精細。盒有五層屜,內盛梅花式銀酒壺、䤸鑲銀裏酒杯、花梨木鑲銀裏各式盤碟,還備有烏木筯,便利於攜帶酒膳。為清中期遺物。

283.黃緞繡暗八仙祝壽懷擋

皇帝吃飯時掛在胸前,防沾污衣服用的。顏色、質地、紋飾隨意。這件懷擋繡工精細,花紋密集,主題是多福多壽。黃緞心緣藍萬字福壽邊。花紋中心突出"團壽"字。上邊有蝙蝠銜"萬壽無疆"字條及寓意祝人長壽的"海屋添籌";左鶴、右鹿,寓意"鶴鹿同春";下有雙龍立水;滿鋪雲蝠紋地,紋間有暗八仙,即八仙所持之物,包括扇、漁鼓、寶劍、葫蘆、花籃、簫、拍板、荷花,寓意"八仙祝壽";四角為雙蝠。

284.瓷茶壺、茶碗

乾隆年製。

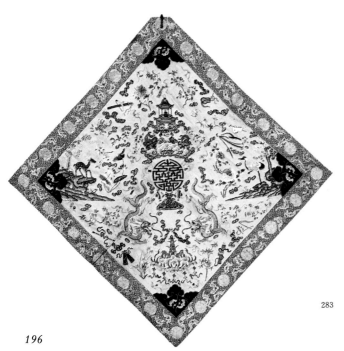

283

285．雍正帝《行樂圖》

縱206cm　橫101.6cm

清宮廷畫家繪。此畫色彩鮮艷，佈局和諧。描繪在春暖花開之際，雍正帝及衆皇子等人遊樂於花園，正準備擺膳的情景。右邊山石上放着盛食品用的提盒、捧盒、果盒、執壺、酒盃、茶壺及碗等。疊石間盛開着玉蘭、海棠、牡丹等，寓意"玉堂富貴"。

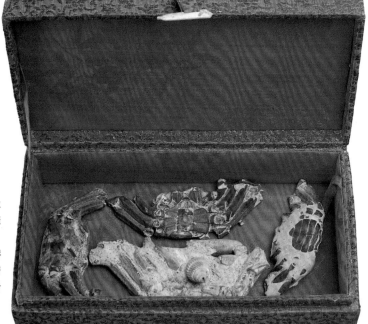

286. 蟹化石
　　御藥房藥材之一。

287. 壽藥房之藥櫃
　　清後期爲皇太后設有壽藥房。位
於坤寧宮後西廡。壽藥房的藥櫃，每櫃
有二十八個抽屜，每抽屜內分三格，
裝各味藥材。藥名標在抽屜面上。壽
藥房的藥材多由太醫院領取。櫃上層
的瓷罐裝成藥，如人參膏、熊油虎骨
膏、益壽膏等等。

286

287

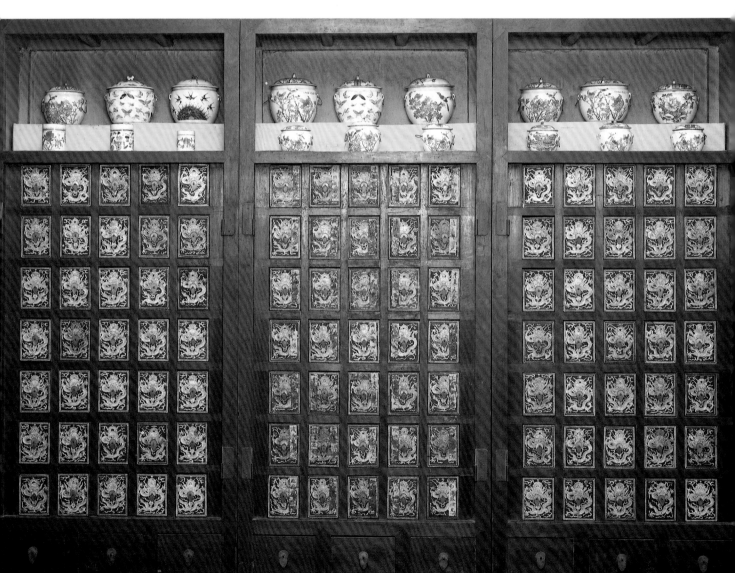

288

288.銅神

　身高93cm　肩寬33.5cm

　清太醫院稱刻示有經絡、穴位的
銅人為銅神。古代銅製人體針灸經絡
穴位模型，最早為宋王維一於天聖五
年（1027年）創鑄。這銅人是清代太
醫院所藏。周身經絡穴位，嵌以金絲
楷書標名。經絡上的穴位有三百六十
多。穴位用以施行針灸、推拿等法，
可防治疾病。

289.銀盒白花蛇

　這是御藥房藥材之一。白花蛇主
要產於廣東、廣西等地，有大小兩種。
大者為蘄蛇，小者為白花蛇。為眼鏡
蛇科動物銀環蛇的幼蛇。在夏季捕捉，
剖開蛇腹，除去內臟，盤成圓形，烘
乾，去頭尾入藥；或以黃酒浸透，去
皮骨用。此藥有毒，主要功能為祛風
濕、定驚搐，主治風濕癱瘓、瘋風、
疥癬。小兒驚風，破傷風亦有功效。

289

290

290.藥袋

　這大藥袋原藏於御藥房，可能是
皇帝出巡時藥房攜帶的。大袋上縫有
一百多小袋,小袋裝藥材並書其名稱。

291.光緒帝、慈禧太后進藥底簿

　　皇帝、皇太后等有疾，經太醫診治，所開藥方，藥房均登記入簿，是為底簿，以備稽考。這些底簿真實地記錄了當時診疾用藥的情況，為我們研究中醫藥學提供了寶貴的資料。

292.惇妃、麗皇貴妃用藥底簿

　　后妃用藥也按人分簿記錄。這是乾隆四十二年（1777年）惇妃，同治元年（1862年）麗皇貴妃的用藥底簿。惇妃於乾隆三十六年（1771年）封為嬪，三十九年進為妃，四十三年曾因打死宮女降為嬪，不久又復封妃，嘉慶十一年（1806年）死。麗皇貴妃是咸豐皇帝之麗妃，同治帝即位，尊為皇考麗皇貴妃；光緒帝即位，尊為麗皇貴太妃。光緒十六年（1890年）死。

291

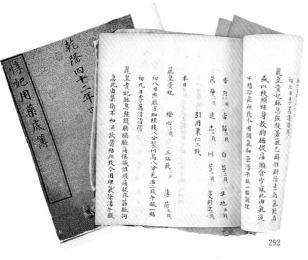

292

293

294

293.光緒帝用藥底簿

　　為皇帝診病、用藥均有詳細記載。

　　這是光緒三十四年（1908年）皇帝的脈案。圖中翻開的一頁是七月七日御醫呂用賓請脈用藥情況。這時距光緒帝死亡僅三個半月，從中可見當時光緒帝病勢已十分嚴重。

294.按摩器

　　據說乾隆時才開始有瑪瑙、珊瑚、金星料等講究的按摩器。是后妃宮中使用的。這些瑪瑙菊瓣形、金星料瓜棱形、珊瑚圓珠形的按摩器，適用於按摩身體不同部位。放在后妃寢宮，使用時可以自用或由宮女伺候，方便治療。按摩是中國一種傳統的健身防病治病的方法。

200

295.銀藥銚
　御藥房煎藥的藥鍋。

296.藍釉開光瓷藥鉢
　御藥房研藥的用具。

297.石藥鉢

文化編

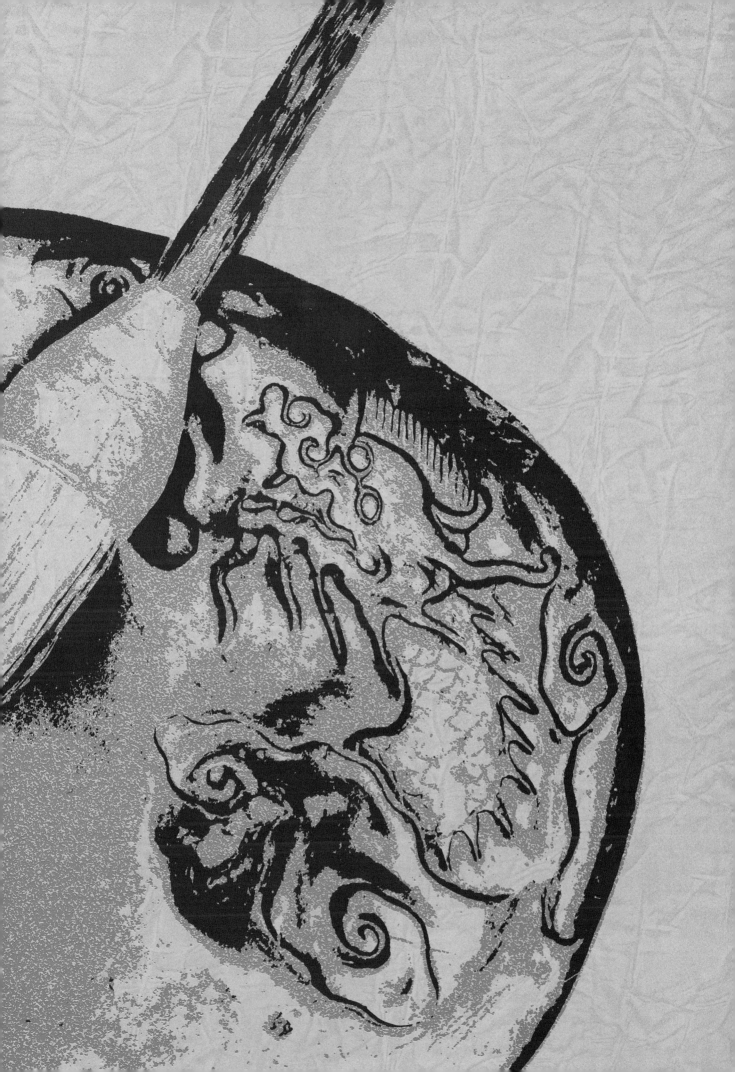

清宮的文化生活，官方文獻中沒有系統的記載。原因是清王朝以驍勇善戰起家，一貫重視騎射；文化活動，在皇帝看來不過是萬機餘暇的及時行樂，故不便載入典冊。而實際上，在漢族文化的影響下，宮廷的文化、藝術等生活還是相當豐富的。

清王朝在入關前，滿族社會尚處在由奴隸制向封建制過渡的階段，文明程度並不高。文字剛剛首創，語滙也不夠豐富。到乾隆年間編纂《五體清文鑑》時，纔收有詞滙一萬八千條左右，無法與康熙年間編纂的，收入漢文詞滙約四十八萬條的《佩文韻府》相比。清廷雖然征服了漢族，躍居統治者地位，但面對這個比自己進步得多的漢族社會，也不得不在政治、經濟以及文化等各方面，接受它的影響。清宮由於大量使用明朝的官員及明宮的太監，使宮廷的文化生活也大為漢化。從皇帝、皇子的學習，到宮廷的詩文書畫活動、收藏、編書刻書，以至音樂、戲劇等活動，無不受明代宮廷的薰陶。間或保留一些滿族特色，但為數不多。

先從皇帝本身的學習和對子孫的教育來看，清初幾代皇帝都很重視學習漢族文化。順治帝和康熙帝從小就勤於攻讀漢文書籍。據康熙帝自己說，他八歲登極時，即黽勉學問。當時教讀的，是明宮遺留的、有文化的張、林兩名太監。所教的內容，以經書為主，其次是詩文。到康熙帝十七、八歲時（已親政三、四年），每天五更起來，首先誦讀，然後處理政事，至日暮理事稍暇，又講論琢磨。由於勞累，以致"痰中帶血"也不放鬆。康熙帝不但努力學習中國傳統文化，而且請西方傳教士為他講授天文、地理、數學、音樂等方面知識。明代為年幼的萬曆帝編輯的《帝鑑圖說》，也被清宮選用，供小皇帝閱讀。

康熙帝深知培養接班人的重要，所以很關心皇子的學習，曾親自教皇太子允礽（後廢掉）讀書。允礽年滿六歲，即為他選了大學士張英等作師傅。又曾屢次向皇四子（後來的雍正帝）講述求學應持謙虛的態度，但又不要拘泥於古書等方法。

雍正帝為了便於監督皇子們的學習，特命在乾清門東旁的南廊房及圓明園內設立上書房，規定皇子六歲入學，從識漢字到讀四書五經，均聘請翰林中學問極好的任師傅。另有諳達（蒙語，原意為夥伴，此處有伴隨皇子學習之意）多人，於課前教滿、蒙語文及拉弓射箭等。每日"卯入申出"（早六時至下午四時前後），"雖窮寒盛暑不輟。"

乾隆帝對皇子管束亦嚴，一次八阿哥（皇八子）永璇，因自己的事，既未奏聞，又未向師傅請假，即帶親隨及園門護軍數人，擅自離開圓明園上書房，騎馬進城。乾隆帝知道後，不僅對八阿哥大加訓斥，而且連總師傅、師傅、諳達等，都一一責備。另一次，乾隆帝看見十五阿哥（嘉慶帝顒琰）所持的扇子上，有十一阿哥（成親王永瑆，時年十五歲）題畫詩句，落款作"兄鏡泉"三字。乾隆帝認為這是染上了師傅的書生習氣，鄙俗可憎，非皇子所宜。如果這樣下去，必然變成文弱書生，不能振作。而實際上，漢族文化在宮廷中已紮根很深，想扭轉這種趨勢是很難的。在乾隆帝的十個成年皇子中，只有皇五子

榮親王永琪少時習騎射，嫻國語，但活到廿六歲便死去。其餘諸子均不善騎射，反而富文才，工書畫。其中幾個有詩集；有的還是書法家、畫家。這種捨武從文之風所以不能遏止，一方面是因為這些天潢貴胄過着極端優越的生活，無所事事，必須用一種愛好來填補；更重要的是自皇帝始，都經營這些漢族文化生活，自然影響到宮廷以至達官顯貴。嘉慶、道光兩朝，上書房仍存。但到了咸豐帝時，因兒子未入學即做了小皇帝，同治、光緒兩代又無子，作為皇子讀書的上書房，自然就是虛設了。

清代前半期，皇帝及宮廷的詩文書畫活動相當活躍。順治帝就能書善畫。他曾畫《牧牛圖》賜與國史院大學士宋權。乾清宮的"正大光明"匾就是順治帝的題字。康熙帝酷愛米芾、趙孟頫和董其昌的書法，他的字得董其昌的意趣最多。雍正帝的字，同樣受其父及董其昌的影響。

到乾隆時期，宮廷的書法繪畫活動曾出現高潮。如宮廷刻帖方面，早在康熙二十九年（1690年），已編刻了大型叢帖《懋勤殿法帖》，並設有文書館（後改名御書處），專管鐫刻、刷搨御筆及法帖。又刻有《淵鑑齋法帖》、《四宜堂法帖》等。乾隆年間刻帖更多，計有《敬勝齋法帖》、《三希堂法帖》、《墨妙軒法帖》、《蘭亭八柱帖》、《重刻淳化閣帖》等等，至乾隆末年已達七十多種。

乾隆帝最珍愛王羲之《快雪時晴帖》墨迹。在這僅有二十多字的殘簡的前前後後，從乾隆十一年（1746年）開始到乾隆六十年（1795年），幾乎每年都有題跋，共達七十多處。乾隆帝還是一個樂於表現自己文詞書法的人。凡宮廷、園囿、寺廟等地所到之處，幾乎都有題字刻石。其中雖有很多是廷臣代筆，但乾隆帝本人的書法也有一定水平。以後各代皇帝，也大都能書，但較之乾隆帝則是每況愈下了。

中國歷代宮廷都很重視繪畫。漢、唐以來，宮內均設有專人或機構從事此項活動。清宮亦設有繪畫機構如意館。康熙年間，如意館還聘有西洋畫師多人，最著名的如郎世寧，康熙年間入宮畫畫，到乾隆朝時還在如意館供職。他善於將西洋畫法與中國畫法相結合，富於立體感和質感，為宮廷畫了很多精美的畫卷，在如意館中影響很大。武備編中的《大閱圖》就是郎世寧的名作。乾隆帝曾到館內看繪士們作畫，有用筆草率的，就親手教之。對畫得好的人，有的還賜以官職。如意館畫的好畫，也編入皇家珍藏的作品目錄。當時給宮廷畫畫的，還有很多高級官員，如大學士蔣廷錫，戶部侍郎王原祁，都是當時有名的畫家。

清朝的如意館，盛於康、雍、乾時代，至嘉慶朝已是尾聲。據記載，嘉慶年間，如意館具姓名，有好作品的中西畫家共八十多人，不見記載的更多。晚清慈禧執政時代，雖恢復了如意館，但其規模和水平已不足稱道了。

順治帝以下，各代皇帝均能詩文，各有御製詩文集存世。作品最多的是乾隆帝。他一生作詩四萬三千多首，接近整個唐朝二千多詩人的

詩作總和。就數量來說，的確是千古帝王、千古詩人無與倫比的。但這些詩，乾隆帝自己承認是“眞贋各半”，其實一半也不大可能。但也應該承認，這些詩並非與乾隆帝毫無關係。其中很多是皇帝命題，詞臣作詩，又經皇帝修改或同意的。乾隆帝畢竟是一個多詩文的皇帝。每當新春正月，常在乾清宮或重華宮舉行茶宴聯句活動，皇帝與大臣共賦柏梁體詩。清代宮中詩文活動最多的也是在乾隆朝。

清朝宮廷很注意收藏，凡法書、繪畫、善本書、靑銅器、陶瓷器、玉器，以及石硯等，無不收羅貯存。到乾隆初年，內府收藏的歷代書畫，已積至萬有餘件。於是在乾隆九年（1744年），皇帝便命內直諸臣對所存書畫，一一詳加鑑別，遴其佳者薈萃成編，名《石渠寶笈》，共四十四卷。每件各以收藏之地點，分類編輯。舉凡箋素尺寸、款識印記、前人題跋，以及有御題或鈐有寶璽的，均作詳細記錄。從記載看，當時貯存書畫最多的地方，是宮內的乾清宮、養心殿、三希堂、重華宮、御書房、學詩堂、畫禪室，以及圓明園、避暑山莊等處。到乾隆五十八年（1793年），因歷次皇太后壽辰和朝廷盛典，臣工所獻的古今書畫之類及御筆題字又增加了很多，乾隆帝於是又命續纂《石渠寶笈續編》，嘉慶朝又續爲三編。所錄內府書畫精品，約有一萬二千五百多件。

《石渠寶笈》初編編成後，乾隆帝又命兵部尚書梁詩正等人，仿照宋朝《宣和博古圖》的形式，將內府所藏的尊、彝、鼎、卣（音：酉）等古器物，精確繪圖，摹搨款識，編成《西淸古鑑》，後又有續鑑。乾隆四十年（1775年）又命將內府收藏的陶、石、松花石、仿澄泥硯等各類硯臺作圖，編爲《西淸硯譜》。可惜，在這些著錄中（包括《石渠寶笈》），有很多是不辨眞僞的。

在編制《石渠寶笈》的同時，乾隆帝還命廷臣從宮內各處藏書中，選出宋、元、明版的善本，進呈御覽選定，列專架藏於乾清宮東旁的昭仁殿，並取漢朝天祿閣“藏秘書、處賢才”之意，題名爲“天祿琳琅”。到嘉慶二年（1797年）十月廿一日晚，因值班太監不愼失火，乾清宮、交泰殿及昭仁殿都遭火災，天祿琳琅的藏書焚燒殆盡。乾隆帝隨即命尚書彭元瑞等，仿以前做法，重新收集宋、元、明版書，輯爲天祿琳琅的續編。此次收集到的善本，比前編還要多。前編爲四百二十二部，續編則達六百五十九部。其中乾隆帝認爲特別好的，仍予題字，加蓋寶璽，以示珍貴。此外，在宮內、御園及山莊等處，尚有很多集中藏書之所。

宮廷不僅大量收藏書籍，而且從康熙年間開始，即組織大批人力編書、刻書。宮廷所編的書籍，除各朝實錄、聖訓、御製詩文外，還編有方略、典則、經學、史學、儀象、志乘、字學、類纂、總集、目錄、類書、叢書、校刊、石刻、圖象、圖刻、圖繪等多種書籍。像至今還在廣泛應用的《康熙字典》、《佩文韻府》，以及長達一萬卷的大類書《古今圖書集成》等，都是康熙年間編纂的。乾隆時期更編纂了舉世聞名的《四庫全書》。內中收書共七萬八千七百三十多卷，前

後繕寫了七份，分貯北方四閣和江南三閣。對積累和保存中華民族文化是一大功績。但在修纂《四庫全書》的過程中，又焚燬、禁止、刪改了大量書籍，同時大興文字獄，濫殺無辜，這又不能不是乾隆帝的一大罪過。

宮廷的編書、印書機構，自康熙四十三年（1704年）開始，即設立武英殿修書處，並設有銅活字庫、刷印作等。《古今圖書集成》就是用銅活字（用銅塊刻製的單字）排版印製的。到乾隆年間，因銅活字殘損，全部銷毀，後又不得不用木活字（即用木塊刻製的單字）來代替，名曰武英殿聚珍版。在乾、嘉時代及以後，武英殿修書處刊印了不少書籍，紙、墨、刻工、印工及裝潢均極精美，後稱爲殿版，現均列入善本收藏。

看戲，是清朝各代皇帝都熱愛的娛樂活動。早在清入關以前，宮中即演雜劇。清入關後，延用明教坊司的機構，“傳奇雜劇”亦“相沿不廢”。康熙年間，承應內廷音樂、戲劇演出的機構爲南府。康熙帝曾親自研究樂律，向西洋傳教士學習外國音樂，並主持編纂了清代音樂理論書籍《律呂正義》。

乾隆帝也是一個熱衷於戲劇音樂的皇帝。乾隆初年曾整理清宮音樂，敕編了載有很多樂譜的音樂書籍《律呂正義後編》；又命長於文詞、官至吏部尚書的張照編寫了許多劇本，凡遇宮中元旦、皇帝及太后壽辰等大節日，要接連數日演大本戲。另在宮中或御園內，每月逢初一、十五日也要演戲。其他節令，如立春、上元、燕九、花朝、寒食、上巳、浴佛、端陽、賞荷、七夕、中元、中秋、重陽、頒朔、冬至、臘日、賞雪、祀灶、除夕等，也要演與這些節令有關的承應戲。但也常因一些特殊情況，如日蝕、月蝕、忌辰、齋戒等，臨時停演。

乾隆帝每次南巡和每年到木蘭秋獮，都有南府太監演員數十人跟隨。

至道光時期，由於時局惡劣，宮中日漸貧困，於道光七年（1827年），皇帝命將南府演員等五百多名，減爲二百四十多名。並改南府爲昇平署。但道光帝本人和他的兒子咸豐帝都是“戲迷”，不僅看戲頻繁，而且都曾將昇平署的藝人召至居住的殿前排戲。咸豐帝因英法聯軍入侵，逃往避暑山莊，不久即令昇平署遷往山莊。在病中，直至死前兩天，即咸豐十一年（1861年）七月十五日，還在避暑山莊的如意洲看完了《琴挑》、《白水灘》、《連環陣》等最後的幾齣戲。

同治、光緒兩朝，宮廷的掌權人慈禧太后也是“戲迷”。在她統治的近半個世紀裏，除咸豐帝喪期、同治帝喪期和八國聯軍入侵北京時，因逃往西安而沒有聽戲外，其餘時間，都經常在宮內、中南海、頤和園不斷聽戲。慈禧太后聽戲，不僅聽昇平署人員演唱，而且常常叫民間戲班進宮內演唱。這時演唱的劇種，也逐漸從最初演崑曲、弋陽腔改爲多種地方戲，而且出現了新的劇種皮簧，即後來的京劇。演戲而外，還不時有各樣“雜耍”演出。

298.康熙帝讀書像

　　縱126 cm　橫95 cm

　　康熙帝喜博覽羣籍, 善獨立思考,
認爲書册所載不可盡信。如對 " 囊螢
讀書 " 之說, 曾取螢火蟲百枚試之,
竟不能辨字畫。康熙帝又認爲有的記
載似乎荒謬, 而實有其事。如漢東方
朔記 "北方有層冰千尺, 冬夏不消"。
今鄂 (俄) 羅斯來人證明確實如此。
南巡中, 有人進《鍊金養身祕書》一
册, 康熙帝曰: " 此等事朕素不信,
其擲還之。 "

299.康熙帝寫字像

　　縱507 cm　橫32 cm

　　康熙帝酷愛書法, 自云: " 朕自
幼習書, 豪 (筆) 素 (紙) 在側, 寒
暑靡間 "。從他的字迹上看, 是頗有
功力的。

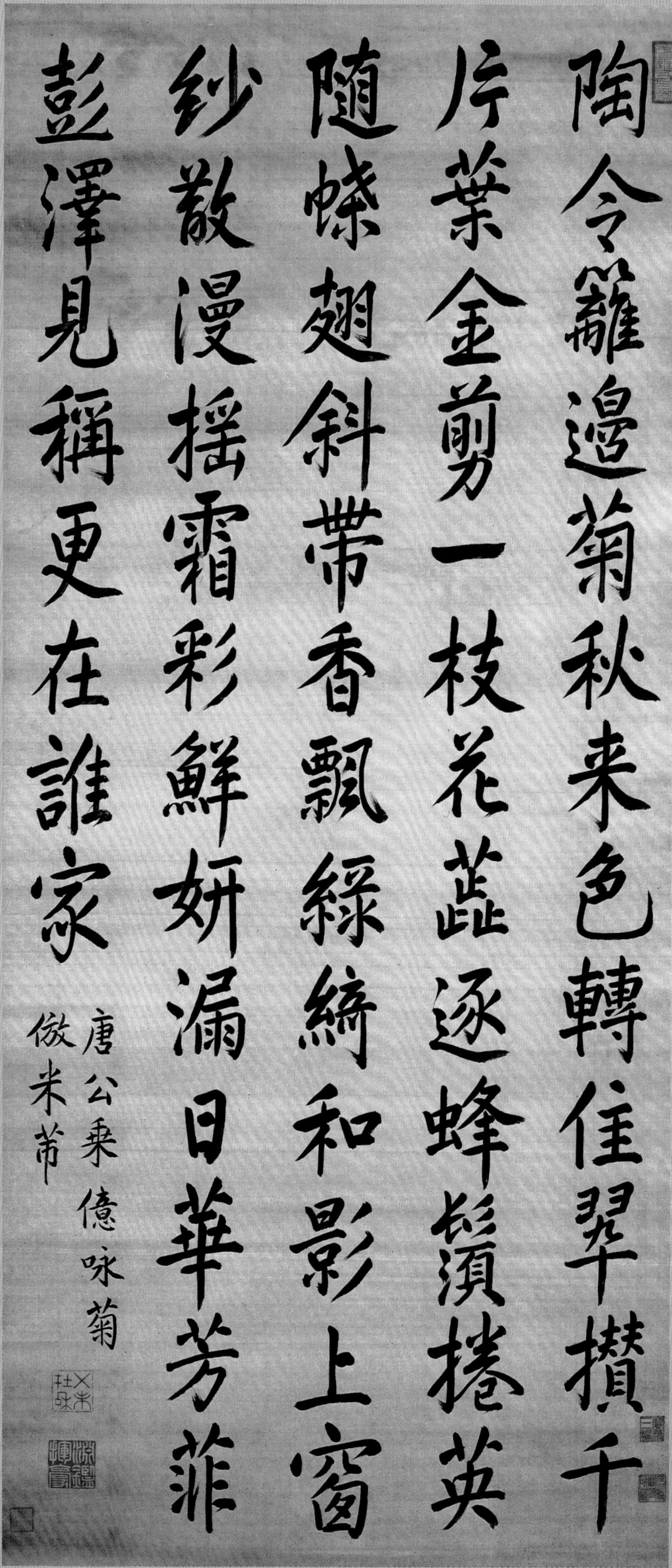

陶令籬邊菊秋来色轉佳翠攢千
片葉金剪一枝花蘂逐蜂鬚亂叢
參雁翅斜帶香飄綠綺和影上窗
紗散漫搖霜彩鮮妍漏日華芳菲
彭澤見稱更在誰家

唐公乘億咏菊 倣米芾

300.康熙帝書仿米芾字軸

　　康熙帝最喜臨摹宋米芾和明董其昌的書法。此軸雖名之為仿米芾，但在結體和佈局上，更像董其昌。

301.雍正帝手書對聯

　　雍正帝在清各代皇帝中，是書法水平較高的一個。

301

302

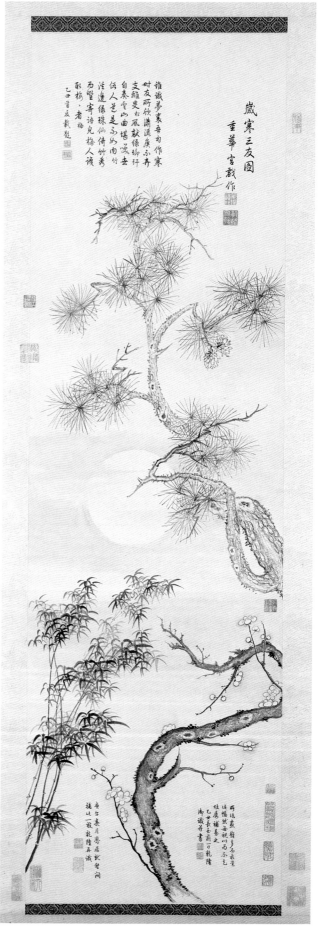

303

302.補桐書屋

　　在南海瀛臺的東部。乾隆帝做皇
子時曾在此讀書。窗前原有兩株老桐,
枯死一棵,補種後,另一棵亦枯死。
乾隆十年（1745年）命將枯桐造琴四
張,命名曰:瀛蓬仙籟、湘江秋碧、
臯禽霜唳、雲海移情。並各有題詩,
陳於該屋內。

303.乾隆帝繪《歲寒三友圖》

　　乾隆帝是漢文化修養較高的皇
帝,詩、文、書、畫無所不能。乾隆
帝的題字不難見到,但是他的繪畫流
傳很少。此畫軸雖未臻完美,但亦頗
具幾分清趣。

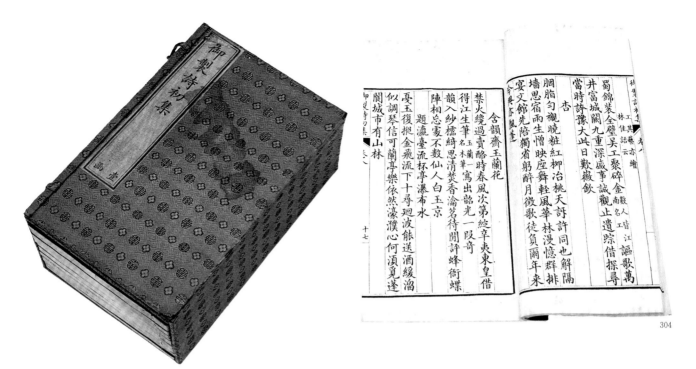

含韻喬玉蘭花

禁火縈過賣酪時春風次第絲夷東皇借
得江生筆名木蘭一寫出韶光一段奇
韻入紗櫳綺思清焚香待閒評許蜂衝蝶
陣相忽憑不數仙人白玉京
題瀛臺流杯亭瀑布水
夏玉復挹金飛流下十尋廻波能送酒緩溜
似調琴信可蘭亭樂依然濠濮心何須覓蓬
閬城市有山林

十七

杏

蜀錦裝全壁吳工聚碎金
胭脂勻襯曉紅柳冶桃天
井富城闌九重深宿雨生憎映座舞輕風華林漫憶群排
當時詩豫大此日歡徵飲
宴文館先陪獨省躬醉月徵歌徒貪爾年來
許同也解隔
盛事誠觀止遺踪借探尋

御製詩初集 卷一

林工佳話云亦繪
皆人楷江謳歌萬

304

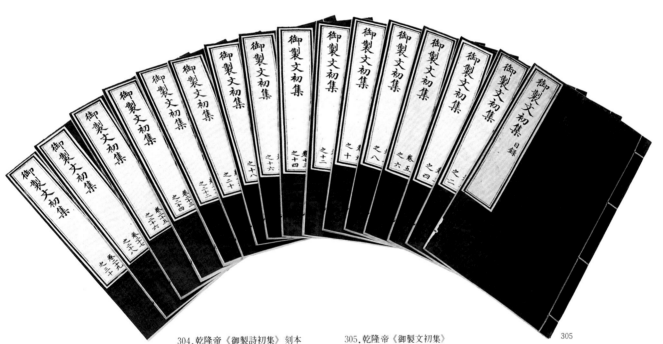

305

304. 乾隆帝《御製詩初集》刻本

　　乾隆帝詩多，題材廣泛。即景、叙
事、咏物、題畫、懷古等無所不有。但
以數量計，風景詩當居首位，約佔總
數一半以上；其次是叙事詩；題畫、咏
物詩居第三位；其餘題材數量不多。
乾隆帝靑年時期所作小詩，尚有淸新
意趣。即位以後，親作與代作混雜，詩
意多平淡，並多具政治色彩。除作爲
史料外，後人很少當文學作品傳誦。

305. 乾隆帝《御製文初集》

　　乾隆帝御製文三集共一千餘篇，
題材也很廣泛。天文、地理、政事、
經史、人物、藝術、經濟等，無不以
論。記、賦、銘、贊等各種文體分別
記述。其中亦有不少是文臣代作的。

306.《三希堂法帖》嵌螺鈿字紅木夾板
乾隆帝以晉王羲之《快雪時晴帖》、王獻之《中秋帖》、王珣《伯遠帖》爲三件希世之珍，貯養心殿西暖閣的溫室，命名三希堂。後於乾隆十二年（1747年）又命大臣梁詩正等從內府所藏法書中編刻了一套大型叢帖《三希堂法帖》。內中收集了魏晉到明末的各體書法作品共三百五十件，另題跋二百一十多件，工程十分巨大。原石現藏於北海閱古樓。

307.《三希堂法帖》所刻三希之一的王羲之《快雪時晴帖》搨本

308.《三希堂法帖》所刻三希之一的王獻之《中秋帖》搨本

309.《三希堂法帖》所刻三希之一的王珣《伯遠帖》搨本（一）

310.《伯遠帖》搨本（二）

306

307

308

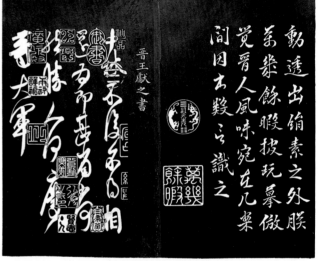

310

309

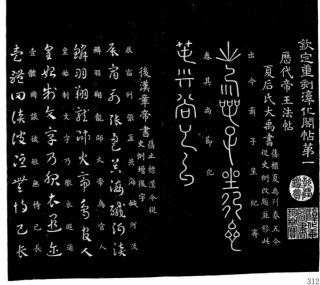

311

312

311. 乾隆帝重刻宋《淳化閣帖》鈎摹
底本及搨本的夾板

312. 乾隆帝重刻《淳化閣帖》搨本

313. 乾隆帝重刻《淳化閣帖》的鈎摹
底本

刻帖時,先用薄油紙從原本上鈎
摹下來,在紙背後再用紅筆鈎出,印
在石面上,然後鐫刻。此冊係雙鈎的
底本。乾隆帝又命用墨填成黑字,裝
裱而成。此本與原本對照,極爲相似,
可見當時鈎摹、刻、搨工藝之精。

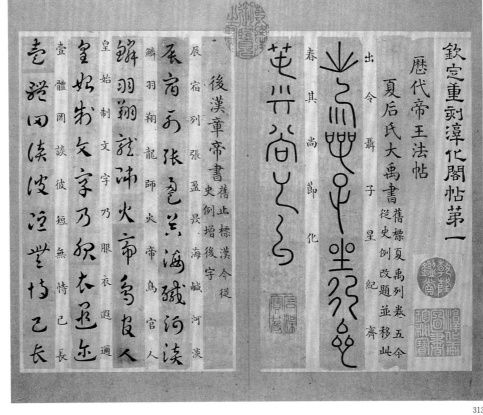

313

314

314.《欽定元王惲承華事略補圖》

此書爲武英殿版印刷的書籍。是元代燕南河北道提刑按察副使王惲，於至元十八年（1281年）給當時的太子編寫的，以歷史掌故講述治國之道的書籍。原書一事一圖，至清已無圖，後清代又補圖。補圖時間雖較晚，但刻製甚精，可作爲我國傳統版畫藝術來欣賞。

315.康熙帝學算術桌

長96cm　寬64cm　高32cm

這張楠木炕桌設計精巧。桌面銀板上刻有十幾個數、理用表，桌內有可存放計算和繪圖工具的各式格子，是康熙帝晚年讀書學習的專用炕桌。反映出他對自然科學的濃厚興趣和認眞探索研究的精神。

315

316.康熙帝學算術桌桌面

316

317

317.《帝鑑圖說》

　　此書係明隆慶六年（1572年）年底，大學士張居正、呂調陽為新繼位年僅十歲的萬曆皇帝編寫的繪圖教材。內容選自堯舜到唐宋歷代帝王善事八十一件，惡事三十六件，以為皇帝借鑑。清帝亦閱讀之。

318.皇子作業

　　這是嘉慶帝作皇子時學詩的習作。紅字是皇子師傅批改的痕跡。

319.上書房外景

　　上書房在乾清門迤東廊房內，創建於雍正初年，為皇子、皇孫讀書處。

318

320.避暑山莊萬壑松風

　　萬壑松風在避暑山莊宮殿區的東院北端，乾隆帝做皇孫時曾在此讀書。

319

320

321. 文華殿鳥瞰

明代文華殿曾是太子出閣讀書及皇帝御經筵的地方。清亦在此舉行經筵。每年仲春，仲秋，皇帝擇日御殿，經筵講官在此進講書、經，然後由皇帝闡發書義、經義，講畢賜茶賜宴。

322. 今日的國子監辟雍殿

臨雍是指皇帝到國子監內辟雍殿行講學禮，以示皇帝對教育的重視。儀式與經筵相似而稍隆重。臨雍時，皇帝先到孔廟內行禮，然後到彝倫堂更袞服，鳴鐘鼓，奏中和韶樂，在辟雍殿陞座。衍聖公（孔子嫡裔）、進講大學士、五經博士、聖賢後裔、國子監祭酒、司業等率國子監肄業諸生，在丹陛大樂聲中行禮。禮畢，先由進講官各講四書、五經中的一段，皇帝再宣御論。最後衆官、生行禮，向皇帝進茶，皇帝再賜衆官茶。

323.《西清古鑑》

清宮廷受漢文化影響，也注重收藏字畫、古董。乾隆時期尤盛。曾將清宮收藏商周以來的青銅器繪形，摹款，編爲《西清古鑑》及續鑑。圖片中的周諸姬尊即醜亞方尊，現仍收藏於故宮博物院。

324.清宮藏歷代錢幣

這些古幣是研究中國歷代幣制的重要資料。

323

324

325.清宮藏青銅器──伯盂

高39.9cm　口徑53.5cm

周代伯盂是傳世周代同類型青銅器中較大的一件。口內有銘文"伯作寶尊盂，其萬年孫孫子子永寶用高"（高，享本字）十六字。此器曾收錄於乾隆五十八年（1793年）編成的《西清續鑑甲編》一書中。

325

217

326

326.田黃石及雞血石印章
　　清宮藏有大量雞血石、田黃石等
珍貴圖章，並有名家文彭等人的篆刻
作品。

327.明代景泰藍瓶
　　清宮藏。

327

328

329

328. 宋代鈞窯玫瑰紫釉花盆
高15.8cm
清宮藏瓷器。

329. 明代鬥彩蓋罐
也是清宮藏瓷器。

330

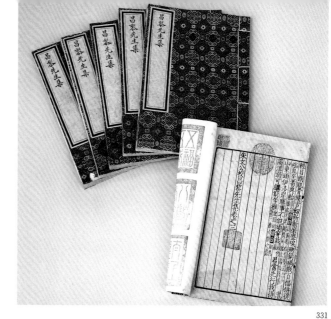

331

332

333

330.《石渠寶笈三編》寫本

　　是清宮舊藏《石渠寶笈三編》的手抄原本。體例與前兩編基本相同。書中對當時收藏的每件書畫記載甚詳。

331.乾隆時期收藏的宋版書——《昌黎先生集》

　　書上鈐有乾隆五璽："乾隆御覽之寶"、"天祿琳瑯"、"五福五代堂古稀天子之寶"、"八徵耄念之寶"、"太上皇帝之寶"。

332.《古今圖書集成》

　　康熙年間奉敕編輯。全書共一萬卷，集經史諸子百家之大成，是中國大型類書之一。內容繁富，區分詳細，類似百科全書性質。原版用銅活字排印，當時僅印有六十四部。光緒時又石印一批。

333.《四庫全書》

　　分經、史、子、集四大部，各裹以黃、紅、藍、綠四色封皮。全書共三萬六千多冊，是古今世界上最大的一套叢書，於乾隆三十七年（1772年）開始編纂，經十年時間才大體完成，工程相當浩大。對保存及整理歷代歷史文獻，有一定成就。當時有手抄本七份，分別藏於北四閣（宮內文淵閣、瀋陽故宮文溯閣、避暑山莊文津閣、圓明園文源閣）和南三閣（鎮江文宗閣、揚州文滙閣、杭州文瀾閣）。後有三部燬於戰火，今尚存文淵、文津、文溯及文瀾閣所藏四部。

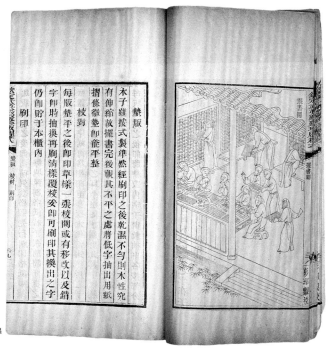

334

334.《武英殿聚珍版程式》

聚珍版即乾隆中期刻製的木活字
版（與現代的鉛字排版相似），曾印
有一百多種書籍。其印書工藝、規程
均有定式，並編刻成書，爲中國印刷
史上的重要資料。

335.杭州文瀾閣

江南三閣中僅存者。經重修。

335

336

337

336.宮內藏書處一角

　　宮內有很多藏書處，類似皇家圖書館。書以樟腦避蟲，每年進行抖晾。

337.清宮藏《閬苑女仙圖》

　　長177.2cm　高42.7cm　絹本

　　五代阮郜繪。畫中描寫於山水樹石之間，有女仙數人，或讀書，或奏樂；有的來自水上，有的飄於空中。另有侍女或弟子多人。體現了傳說中仙山閬苑的情景。畫上有乾隆帝御筆題詩，並鈐有乾隆、嘉慶帝等御覽之寶。

338.昭仁殿"天祿琳瑯"

　　昭仁殿，乾隆年間開闢爲收藏宋、金、元、明版善本書籍之處。乾隆帝題爲"天祿琳瑯"。此爲嘉慶朝火災以後重新恢復的情景。

338

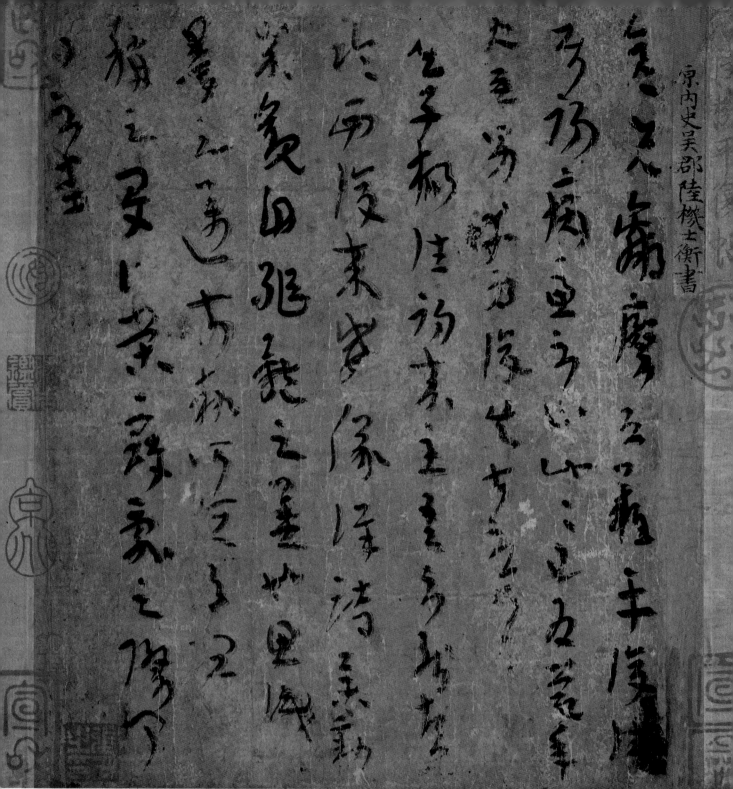

339.清宮藏《平復帖》

　　縱23.8cm　橫20.6cm　紙本

　　《平復帖》傳爲西晉大文學家陸機所書。爲章草向今草過渡的典型資料。是傳世名家法書中最早的一件。此帖於乾隆時進入清宮，一直存放在乾隆帝生母處。乾隆帝生母死後，以賞遺念歸成親王永惺。後流入民間，1949年後由張伯駒先生捐贈於故宮博物院。

340

341

340.明代抄手端硯

　　清宮藏。端硯以有眼（即在深色
石上出現類似眼形的淺色斑點）爲
貴。硯下很多圓柱是爲保存眼而留出
的。每一柱端均有一眼紋。

341.明萬曆年間的毛筆

342.宮中使用的玉子圍棋

342

343

343. 重華宮戲台

在漱芳齋院內，是宮內的中型戲臺。每年元旦、萬壽等節日均在此唱戲。有時是在暢音閣大戲臺唱過後，再到此處接唱。

344. 風雅存小戲臺

在漱芳齋後殿屋內，臺面只數平方米。是在小宴中唱承應宴戲時用的。這種戲多為十幾分鐘一齣的折子戲，內容多以歌頌帝王功德，歌頌昇平盛世為主，沒有故事性。

345. 暢音閣

宮中最大的戲臺。分上中下三層，可同時演出，經常使用的是下層。每層都有機械裝置，演神鬼戲時，演員可以從上層降至下層，或從地下升至下層。此臺與寧壽宮一區建築，均於乾隆四十一年（1776年）建成。以後歷代皇帝、太后壽辰等節日均在此處演戲。

345

344

346

346.暢音閣下層舞臺臺面

　　臺四周有柱子十二根，臺板下爲地下室，室中央和四角各有一個地井，有擴大共鳴作用，增加音響效果。

347.暢音閣後臺及宮廷所用戲衣道具

　　清早期戲衣，多由明代織繡品改製成。質地優，繡工細，是工藝美術品中的寶貴遺產。

347

348.暢音閣對面的閲是樓

　　是皇帝后妃等觀劇之所。獲准進內看戲的王公大臣等則坐東西厢房內。宮中演戲時間，多安排在早上六至七時開戲，下午二至四時左右散戲，偶而也有延至下午五至八時的。

348

349

351

352

350

349.戲衣——武將穿的大鎧

350.戲衣——帶旗的女靠

351.道具——杵

352.道具——手銬

帶工尺譜的劇本

〔平子樊噲曹參引韓信上唱〕

〔點絳脣〕天淡雲張怨雲愁霧施英武威鎮征夫取勝

〔如神護〕（白）俺例兵威神鬼欺胸藏料計少人知不使萬夫深渾討怨得今日在九里山前擺下十面埋伏連藝橋

〔囅龍鎮下珠俺念韓信上唱〕

挈項羽也（唱）

〔混江龍〕金按着周天之數九宮八卦立昆吾俺怎

西異傳淵本 本一卄

353.帶工尺譜的劇本

　　為清昇平署遺留。宮廷中演戲，清初以崑腔、弋陽腔為主，到同、光年間，才增多了亂彈等其他劇種，並常令民間戲班進宮演出。現存昇平署劇本，亦多為崑、弋腔劇本，數量不少。如《鼎峙春秋》、《昭代簫韶》、《昇平寶筏》、《勸善金科》、《鐵旗陣》等五部大本戲，共有一千多齣。其餘承應戲、單齣戲的劇本，為數更多。這些劇本大都為手抄，有的是專供皇帝看戲用的"安殿本"，也有供排演用的"串頭本"和"排場本"。

353

354

355

354.戲劇圖冊──《取榮陽》
　　清宮原藏。清帝不僅愛看戲,而
且欣賞以戲齣為內容繪成的冊頁。

355.戲劇圖冊──《柴桑口》
　　清宮原藏。

356. 咸豐帝朝服像

縦267cm 横191.6cm

咸豐帝名奕詝, 道光十一年(1831
年)生於圓明園湛靜齋, 二十歲即位,
咸豐十一年（1861年）病死於避暑山
莊烟波致爽殿, 終年三十一歲。他是
一個戲劇愛好者。

357

358

357. 孝貞顯皇后常服像

　　孝貞顯皇后即慈安皇太后鈕祜祿
氏，道光十七年（1837年）生，咸豐
二年（1852年）二月初封貞妃，五月
晉皇貴妃，十月立爲皇后，時年十六
歲。同治帝嗣位，尊爲母后皇太后，
又上徽號爲慈安皇太后，與慈禧太后
共同垂簾聽政。光緒七年（1881年）
卒，壽四十五歲。

358. 孝德顯皇后朝服像

　　縱240cm　橫117cm

　　孝德顯皇后，薩克達氏，道光二
十七年（1847年）指婚給當時的皇子
奕詝（即後來的咸豐帝）爲福晉。兩
年後卒。咸豐帝登極後追封爲皇后。
這幀朝服像是追畫的。

官俗編

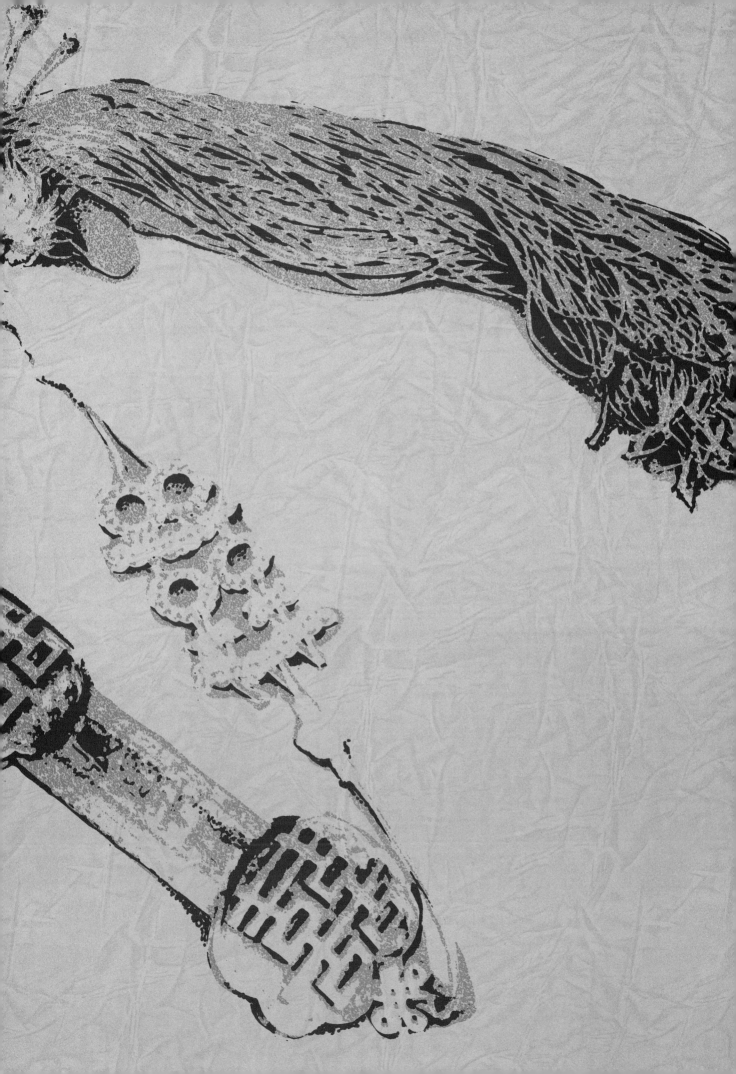

宮俗，即宮中的習俗；清代官方文獻中沒有這樣的叫法。實際上，清宮有很多習俗被視爲典禮、儀式、宮規等載於典册。有的是作爲一件事記於檔案，或作爲掌故寫入了私人筆記。有的則須從清宮遺留的建築或文物中才能了解到。宮俗和民俗，實有着不可分割的聯繫；同時與歷史上的風俗也有明顯的承襲關係。只是因時間、地區、民族和信仰的不同，而有很多演變和差異。

宮中的習俗，名目繁多，不勝枚舉，但有兩類比較常見。一是節令習俗，包括年節和四時節令；一是人事習俗，即生育、壽辰、婚嫁和喪葬等。

清宮的節令習俗，許多是沿襲明宮或更古老的舊習，也有的是滿族舊俗。節令中，活動最多的莫過於年節，實際上作爲年節的前奏，從臘月就開始了。

每年自十二月初一日，皇帝即開筆書"福"字。寫出的第一個福字，掛於乾清宮正殿，其餘張貼宮苑各處、或分賜王公大臣及內廷翰林等。此俗始於康熙年間，但不一定在十二月朔，乾隆初年纔定十二月朔日，在漱芳齋開筆書福，以後歲以爲常。大臣都以得到御賜福字爲幸運。

十二月初八爲臘八日，佛教傳說釋迦牟尼於是日成道。晉代時記載，村人於是日逐疫。北宋時，京城僧、俗均煮果子雜料粥食之。清宮中則派王公大臣到雍和宮監視煮粥供佛。宮內由達賴喇嘛、章嘉呼圖克圖（清所封喇嘛教大活佛之一）爲皇帝拂拭衣冠，以祓除不祥。民間則家家食臘八粥以應節。

十二月廿三日，是民間祭竈神的日子。宮中於是日在坤寧宮安神牌，備香燭，設供三十二種，並按古制用黃羊一隻；另供有由奉天內務府進貢的專用供品麥牙糖。帝、后要親自參加祭竈，排場比民間隆重闊氣得多。祭竈之俗，可上溯漢代以前，但規格不高，直到清代也沒有提升。嘉慶帝有祭竈詩說："嘉平小除夜（俗稱祭竈日為過小年），媚竈用黃羊。"此處用"媚竈"一詞，可見對竈神亦不甚尊重。

十二月廿六日，宮內各處要掛春聯、門神，至次年二月初三日收下。春聯一直用白絹書寫，這顯然與漢族用紅色春聯的風俗不同。

每年十二月，宮內亦有掃塵之習，須由欽天監擇吉日奏聞皇帝，由內管領帶員役掃除。

除夕和元旦，帝、后的主要活動是到處拈香禮佛和敬祖，以求神靈保佑在新的一年裏更加吉祥如意。晚清，宮廷已沒落得十分慘淡，但到了這兩天，仍例行如故。據檔案載，光緒三十三年（1907年）除夕和次年元旦的活動是：除夕這天，於上月十六日自瀛臺還宮暫住的光緒帝，早上四時到各佛堂拈香，然後給慈禧太后請安，侍奉進膳、看戲。至中午，光緒帝及宮眷先後到養性殿，分別向慈禧太后行辭歲禮；衆宮眷再到鍾粹宮給皇后行辭歲禮。下午光緒帝及宮眷再到閱是樓侍奉慈禧太后晚膳、看戲。

元旦，凌晨二時，光緒帝即淨面、着冠服，於爆竹聲中在養心殿各處拈香，然後到東暖閣明窗行開筆儀式。開筆前先向金甌永固盃中注屠蘇酒，並親燃蠟燭。將筆打開後，在吉祥爐上薰一下，然後需染硃墨，寫吉語數字，以祈一歲之福。並流覽一遍新曆書，以寓授時省歲之意。

早上六時，光緒帝到奉先殿、堂子行禮後，回乾清宮進奶茶，並在西側弘德殿內進吉祥餑餑（即餃子）；其中一個餑餑餡內包有小銀錁，放在表面，一下筯即得之，視爲吉利。進食後，光緒帝到坤寧宮拈香行禮，並在這裏接受皇后及瑾妃請安、道新喜和遞如意。然後光緒帝及宮眷分別到樂壽堂給慈禧太后請安，道新喜。

八時半，光緒帝率王公大臣在皇極殿給慈禧太后行禮。皇后率宮眷及福晉、命婦等行禮。並一同在這裏分別給慈禧太后遞萬年吉祥如意，瑾妃以下宮眷再給皇后行禮，遞如意。

九時半，光緒帝到太和殿接受文武百官行慶賀禮，再還乾清宮受內朝禮。

正午，乾清宮舉行宗親宴。宴畢，光緒帝仍到閱是樓侍慈禧太后看戲，戲畢跪送。

元旦是宮中最熱鬧的一天，終日爆竹連響，晚間燈火通明，充滿節日氣氛。

正月十五爲上元節，宮內及北京市肆，均懸燈相慶，故亦稱燈節。漢代即有這種習俗。清宮中不僅有各式各樣華貴的宮燈，更有別開生面的冰燈遊戲。乾嘉時期，皇帝還要到圓明園的山高水長看烟火。這天又稱元宵節，晚間有吃浮圓子的習慣，後就把浮圓子稱爲"元宵"了。皇帝后妃在這天的晚點中，均享用"元宵"一品。

五月初五端午節，民間有插艾、吃糭、飲雄黃酒，以及龍舟競渡等習俗。清入關後，也沿襲舊俗。清初，皇帝常和大臣在西苑乘舟歡宴。乾隆帝則多陪其母崇慶皇太后，在圓明園西部的萬方安和進早膳，然後到蓬島瑤臺觀競渡。此外，清宮從初一到初五，皇帝及宮眷的膳食均有糭子。其間並用糭子供神供祖。

七月初七傳說爲牛郎、織女聚會之夜。南北朝時，有婦女於是日結綵樓、穿七孔針、陳瓜果於庭中以乞巧的記載。清宮中規定，七夕祭牛女星君，設供獻四十九種；帝、后率內廷各主位拈香行禮。獻祭地點多在御園。道光年間，均在圓明園的西峯秀色舉行。設供時有四人唸齋意，十人作樂，並獻節令承應戲《七襄報章》、《仕女乞巧》。晚清，又改在西苑的紫光閣舉行。

中秋節是中國傳統的大節日，宮中亦設月餅供祭月。民間祭月，多因晉人說法，以爲月中有玉兔搗藥，故供兔像。兔像有手繪和泥塑等。清宮亦有此物。

九月初九登高，傳說是爲了避災。清宮亦沿此俗，在京時多登香山，秋獮時則在木蘭山中策馬遨遊。

冬至節，北方開始進入最冷的"數九"天氣。宮內即開始掛起《九九消寒圖》。此俗明宮已有，只不過形式略異。明宮稱《九九消寒詩

《圖》，每九爲四句詩。

生育、壽辰、婚嫁及喪葬，都是人生大事。在清宮中，辦這些事特別繁瑣，有一些甚至是陋習。

生兒育女，宮內很重視。在宮史和《宮中現行則例》中都有“遇喜”待遇等規定；但屬於習俗方面的內容，却只記載於檔案中。根據檔案，有慈禧太后還是懿嬪時，生育同治帝載淳的記載。在生育前三個月，懿嬪之母即被允許進宮同住。咸豐六年（1856年）正月廿三日，在儲秀宮後殿明間東門外邊刨了“喜坑”，並唸喜歌，安放筷子（取“快生子”之意）、紅綢子和金銀八寶。臨產時，從養心殿西暖閣取來大楞刀，掛在儲秀宮後殿東次間（可能用以避邪）；從乾清宮取來易產石。同治帝於三月廿三日出生，經御醫看過，用中藥福壽丹開口。此後在“洗三”（生下第三天洗澡）、“升搖車”、“小滿月”（十二天）、“滿月”、“百祿”（即百日，因人死有百日之祭，故避之）及“周歲”等日子，都有皇帝、皇室和貴戚的賞賜及送禮。周歲時有“晬盤之俗”。此俗南北朝即有記載，就是在盤中放各種器物，看小孩先抓什麼，以此察驗兒童的貪、廉、愚、智。據記載，同治帝“先抓書，次抓弧矢，後抓筆。”次序頗爲理想，但後來的事實却是哪一樣也沒有“抓”起來。

慶壽辰之俗古今中外皆有，但慶壽方式千別萬殊。就是清宮內，同是主人地位，等級差別也相當大。皇帝壽辰被列爲朝廷三大節之一。特別是逢旬大壽，要舉國稱慶。康熙帝六旬大慶時，行禮的人從太和殿一直排到天安門外。外地官員人等不能來京的，就在當地擇地行禮，搭臺唱戲，設壇誦經，爲皇帝祈福祝壽，可謂普天同慶。而常在、答應生辰，給她們行禮的只有她身邊的宮女一、二人。

按照習俗，皇帝、太后壽辰，王公大臣要呈進貢物和如意。壽禮以九件爲一組，包括壽佛、金玉、珠寶、陳設、書畫等，自一九至九九不等。所以壽辰也是皇帝收羅財寶的良辰。乾隆帝七十壽辰時，聲稱不許大慶，但據兼領工部的兵部尚書福隆安奏稱，此次，內外王公文武大臣官員等，僅報造無量壽佛即有一萬九千九百三十四尊，所用工料費共合銀三十一萬八千九百四十四兩。乾隆帝八旬大慶時，由圓明園至西華門的二十餘里長街，兩旁佈滿點景。壽辰前一日乾隆帝由園還宮，一路鹵簿、樂隊，前簇後擁，邊行邊奏；臣子兵民跪地迎駕，十分氣派。壽辰正日，乾隆帝在太和殿受賀後，又在乾清宮行內朝禮，舉行壽宴。皇子、皇孫、皇曾孫、皇玄孫依次綵衣起舞，敬獻萬壽之觴，“八旬天子，五世同堂”，歷史上確實是少見的。

清宮的婚俗，入關之後主要是繼承了明朝宮廷的習俗，而明宮婚俗又是自秦漢以前的《儀禮》、《禮記》中所載的婚禮制度發展而來。到清宮合併爲納采、大徵、册迎、合卺、朝見等一定程序，無非是繁縟的禮節，驚人的耗費。而且這些禮節，也只用於皇后，其餘妃嬪等是沒有份的。清宮婚俗與漢俗比較，還有幾個特殊的地方：一是大量與蒙古族,特別是博爾濟吉特氏通婚。目的在通過結親，取得與蒙古族

的聯合，有政治作用；二是清朝初年，皇族中按舊俗可以繼娶兄弟叔侄的遺孀；三是按原來習慣，結婚不計行輩，不避血緣。這些特殊婚俗的事例相當多，而在當時漢俗中，特別是文化發達的地區，早已極少見到了。

公主下嫁比大婚簡單。一般是指婚後，額駙（公主之夫）先進初定一九禮（原駝一，馬八，後改羊九隻），然後皇帝於保和殿宴額駙及家中有職人員。內宮宴額駙家的女眷。公主下嫁前一日，額駙率族人至乾清門外行禮，內務府送公主妝奩至額駙家。正日，額駙進九九禮於午門，賜宴後，公主乘輿至額駙家行合卺禮，九日歸寧謝恩。在婚禮中執事的命婦等人，均須年命相合無忌者。

清宮的喪俗，受漢俗影響，所以前期與後來有一些變化。前期例如努爾哈赤死時，因尚在征戰時期，喪事較簡，但也有三人殉葬。一個是比努爾哈赤小三十一歲的大妃烏喇納喇氏，名阿巴亥。她是努爾哈赤十六個后妃中最得寵的一個，也是睿親王多爾袞的生母，被逼自盡時年三十七歲。另兩個是庶妃。努爾哈赤的元后孝慈高皇后死時，也有四婢從殉。再是辦喪事時有樂隊奏樂，類似漢族民間的“鬧喪”。皇太極死時，有章京敦達里、安達里二人殉葬。辦喪事時，亦曾奏樂。以後的喪事就不再奏樂了。

入關後，順治帝死時，亦有貞妃董鄂氏和侍衛傅達理從殉。攝政王多爾袞死，侍女吳爾庫尼也殉了葬。當時民間妻妾殉夫、奴婢殉主也是有的，康熙年間則逐漸消減。宮內也沒有再發生人殉的事。清初殉葬，與明初四帝各有人殉的情況相似，直到明英宗朱祁鎮時纔取消了這一習俗，比清朝禁止人殉早二百多年。

到乾隆時期，隨着漢化加深，喪俗都已禮制化。皇帝大喪分爲初崩、殮奠、頒遺詔、殷奠、奉移殯宮、初祭、大祭、月祭、上尊謚，以及百日祭等項目。一直到葬入地宮，均有規定的儀式。如，初崩後，規定嗣皇帝、王公大臣等要去冠纓，哭踊（跳着脚哭）；皇后、妃嬪等摘耳環，去首飾；嗣皇帝哭踊視小殮（爲死者穿衣），憑梓宮視大殮（死者入棺）；嗣皇帝及皇子、皇孫成服（穿上白色的孝服），截髮辮；皇后、妃嬪，以及宮中女眷亦成服剪髮；王公百官、皇族親屬、內務府官及他們的女眷皆給白布制服，婦女並去首飾。百日以內上諭用藍筆，嗣皇帝百日以後素服；二十七月行除服禮。

乾隆時的喪儀，很多是沿襲明代的漢俗，但有一些還保留有滿族的習俗。如百日內不剃頭，摘冠纓，截髮辮和剪髮；再是殷奠時要焚燒死者的衣服等，都是漢俗中所沒有的。

此外，清宮在喪葬俗上還有一個很大的改變。即皇太極及順治帝死後都是火葬，沿襲滿族習慣。後來自康熙帝始即不再焚化，改爲漢俗的土葬。直到雍正十三年（1735年），乾隆帝繼位後，纔明令滿族民間“一概不許火化，倘有犯者，按律治罪”。

359.門神（一）

　　宮中門神爲絹畫，加以多層托裱，並有木框架，以便懸掛和保存。門神，古代傳說是神茶、鬱壘二神，其形兇暴，可以除害。唐以後的傳說是，有一天唐太宗生病，聞門外有鬼魅呼號，乃命秦叔寶與尉遲敬德（皆當時名將）戎裝立門外，夜果無事。便命畫此二人像掛於宮門，遂即成爲辟邪的門神。清宮的門神當屬後說。這是尉遲敬德。

360.門神（二）

　　這是秦叔寶。

361

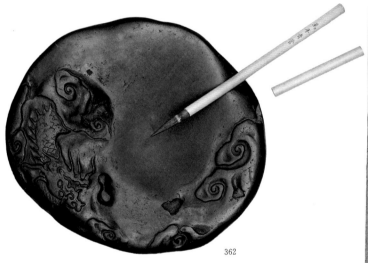

362

361.皇帝書寫的"福"字

　　清自康熙帝以後，每年臘月，皇帝都親書"福"、"壽"字，頒賜后妃、近侍及臣下，以表示特殊恩寵。

362."萬年青管"毛筆

　　皇帝於元旦開筆書吉語時所用。

363.嘉慶帝手書吉語

　　元旦凌晨，皇帝起牀淨面(洗臉)，拈香、注屠蘇酒後，即開筆分別用紅、黑色墨，寫吉語數句，祈求在新的一年裏吉祥如意。

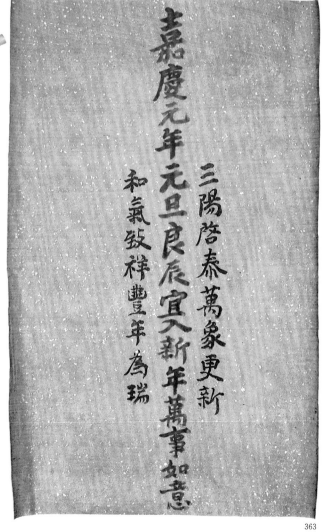

嘉慶元年元旦良辰宜入新年萬事如意

三陽啓泰萬象更新

和氣致祥豐年爲瑞

363

364. 金甌永固杯

通高 12.5 cm　口徑 8 cm　足高 5 cm

此杯金質，通體鑲滿珠寶。開筆前，先注入屠蘇酒（古俗元日飲屠蘇酒可避瘟疫），祈求平安健康、江山永固。

364

365.乾隆帝《歲朝行樂圖》

　　縱384cm　橫160.3cm

　　這是一幅描寫乾隆帝和皇子、皇孫除夕行樂的漢裝吉祥畫，約繪於乾隆中期。乾隆帝敲打的磬是用戟挑起來的，下墜雙魚，諧音"吉慶有餘"。小孩中有的放爆竹，有的獻果品，有的在撒辭歲用的芝麻稭。屋上蓋着象徵豐年的瑞雪。乾隆帝看來很喜歡這張畫，直到做了太上皇還在欣賞，並鈐上"太上皇帝之寶"。

366

367

366.金纍絲嵌松石字如意

　　乾隆年間製造。故宮博物院藏有許多形制相同，但所嵌干支字樣不同的金纍絲如意。推測可能是每年新年時按干支進遞的。

367.奕訢等進春帖子

　　立春日，禁中進春帖子，此俗盛行於宋代，清代亦沿習。其他節日亦有帖子詞，並習慣軍機大臣共進一摺，南書房翰林共進一摺。此爲恭親王奕訢、大學士寶鋆共值軍機時所共進的春帖子。

368

370

368.春條
　"百福駢臻"意即各種幸福的事一齊到來。滿俗春聯皆爲白色，後受漢俗影響，亦以紅色爲吉利。

369.掛籤
　新年時貼於宮內各處，以增加吉慶氣氛。

370.端午五毒袋
　古俗，端午日用布造成角黍、蒜頭、五毒、老虎等小物佩帶，以蠲除毒氣。清宮亦隨舊習。

371.端午五毒袋另一面

369

371

372

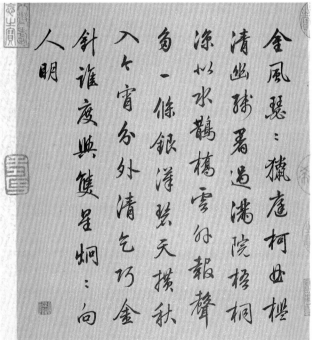

373

374

372.《月曼清遊冊》中"乞巧"頁

縱37cm 橫31.7cm

絹本十二開畫冊之一。

七月七日供牛郎、織女，又有穿針或看針影乞巧的活動。這幅畫反映了宮中乞巧的習俗。約爲雍正年間宮廷畫家陳枚所繪。乾隆三年(1738年)梁詩正題詩。

373.《月曼清遊冊》中"乞巧"頁題詩

374.兔兒爺

晉代即有月中玉兔搗藥的傳說，故於中秋節民間多供兔像。紙像多在當夜焚化，泥塑像可供繼續玩賞。此像亦爲清宮遺物。

375

376

377

375.順治年間的時憲書

　　即曆書。原稱時憲曆，至乾隆年因避弘曆諱，改稱時憲書。清朝規定由欽天監專責研究制訂，每年二月初一向皇帝進呈下一年的樣式，審閱後即刊刻成書，於十月初一呈獻給皇帝，並舉行隆重的儀式頒發全國。時憲書內詳載大小月、二十四節氣、吉日吉時等資料，民間奉為圭臬。

376.《九九消寒圖》

　　漢俗，冬至日開始"數九"，即進入最寒冷的季節。道光帝御書"亭前垂柳珍重待春風"九個字作《九九消寒圖》，因每個字都是九畫，每日用朱筆填紅一畫，等到把九個字都填完，就春滿人間了。因此它的正式題名叫"管城（筆的別名）春滿"。

377.竈王牌

　　祭竈是中國民間的傳統習俗。清皇室因受漢俗同化，也在每年的臘月廿三日安排祭竈活動。清帝又為了讓王公大臣也能在家祭竈，特規定這一天，王公、貝勒等內廷差使，應該當晚值班者，均放假回家祭竈，而以散秩大臣代值。

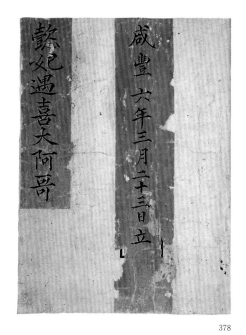

378

379

378.《懿妃遇喜檔》

即慈禧太后做懿嬪時，生同治帝的膳清記錄。此檔案是故宮博物院保存的一册原件。封皮寫"懿妃遇喜檔"，正文中均記"懿嬪"，這是因爲生了阿哥，很快晉封爲妃的緣故，封皮簽是膳清後才寫的。

379.《懿妃遇喜檔》中一頁

本頁詳細記載了同治帝出生後的情況。

380.玩具

有泥塑、布縫、帶彈簧等多種多樣。左邊的一對獅子則是用歷代銅制錢綴成的，有民間特色。是皇子、皇孫或 小皇帝玩用的。

380

381.金佛

　　宮中壽禮有進金佛一項。由於宮中以九為最高的陽數，故進金佛時皆以九軀為一組。

382.金質壽字如意

　　清宮習俗，每於新年、壽辰等節日，大臣等均須向皇帝進遞如意，以示慶祝。此為壽辰時用的如意。

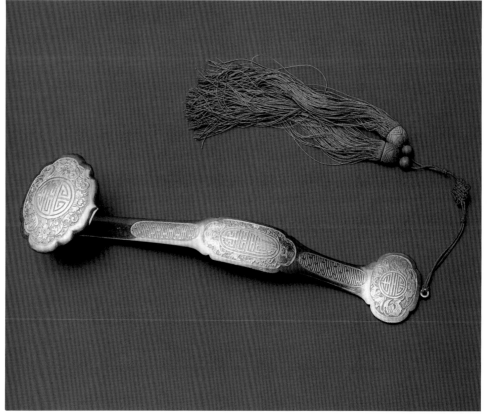

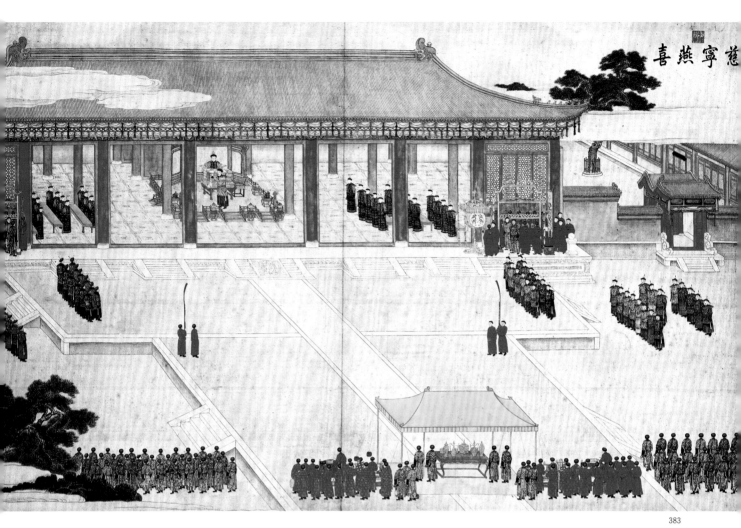

383

383.《慈寧燕喜圖》局部（一）

　　清宮廷畫師所繪的大型畫册。內
容是乾隆帝爲其母崇慶太后做壽的全
部活動。圖中寶座上坐的是崇慶太后，
前面捧杯的是乾隆帝；筵桌上擺滿各
種點心。

384.《慈寧燕喜圖》局部（二）

　　慈寧宮筵宴上乾隆帝親自捧觴上
壽局部放大的情景。

384

247

385

385.崇慶太后《萬壽點景圖》局部（一）
　　　縱65cm　橫2778cm
　　乾隆帝生母崇慶皇太后六十壽辰
時，自清漪園到西華門沿途設有點
景。事後並根據實況，繪有《萬壽點
景圖》。此爲《萬壽點景圖》中自新
街口到西四之間點景的一部分。

386.崇慶太后《萬壽點景圖》局部（二）
　　崇慶皇太后《萬壽點景圖》中皇
太后所乘的金輦及扈從官員的盛況。

386

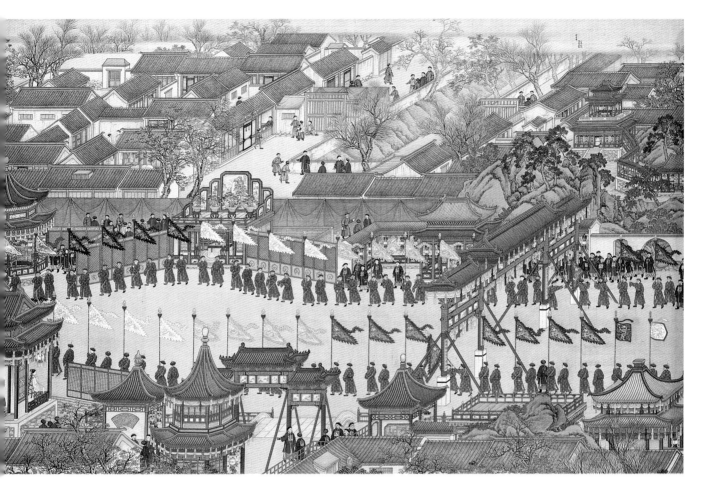

387. 光緒帝賀西太后表文

388. "圓音壽耊" 套印
　　乾隆帝八十壽辰時，大學士和坤
所進的壽山石套印 "圓音壽耊"，共
一百二十方。印文均摘自乾隆帝詩文
中的吉語。

389. "圓音壽耊" 套印印文

387

388

389

390. 萬壽字瓷瓶

　　高77cm　口徑37.5cm　足徑28cm

　　是康熙時期的壽禮。整個瓶體用青花釉寫滿一萬個不同形體的篆書"壽"字,寓"萬壽無疆"之意。

390

391

391. 緙絲畫軸《福祿壽三星圖》
　　上有乾隆帝題的吉語。"錫羨增齡"大意是神明賜與富足長壽。

392. 萬壽貢單（一）

393. 萬壽貢單（二）
　　這兩份是王公大臣進貢壽禮時，隨禮品所附的貢單，寫明禮品的名稱、質地和數量。

392

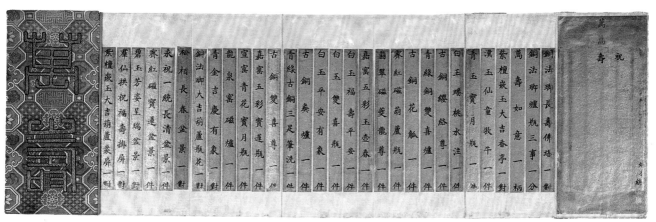

393

394

395

394. 金胎綠琺瑯嵌紅寶石藏式蓋盂

原物是乾隆帝七十壽辰時西藏的班禪喇嘛所進獻。此件是乾隆年間造辦處仿製的。

395. 御書《妙法蓮華經》

經卷是用赤金碎成細粉，再和以膠質物稱爲“泥金”的東西寫成的，經數百年仍燦爛如新，一般用作壽禮進給皇太后。

396. 御書《妙法蓮華經》經文

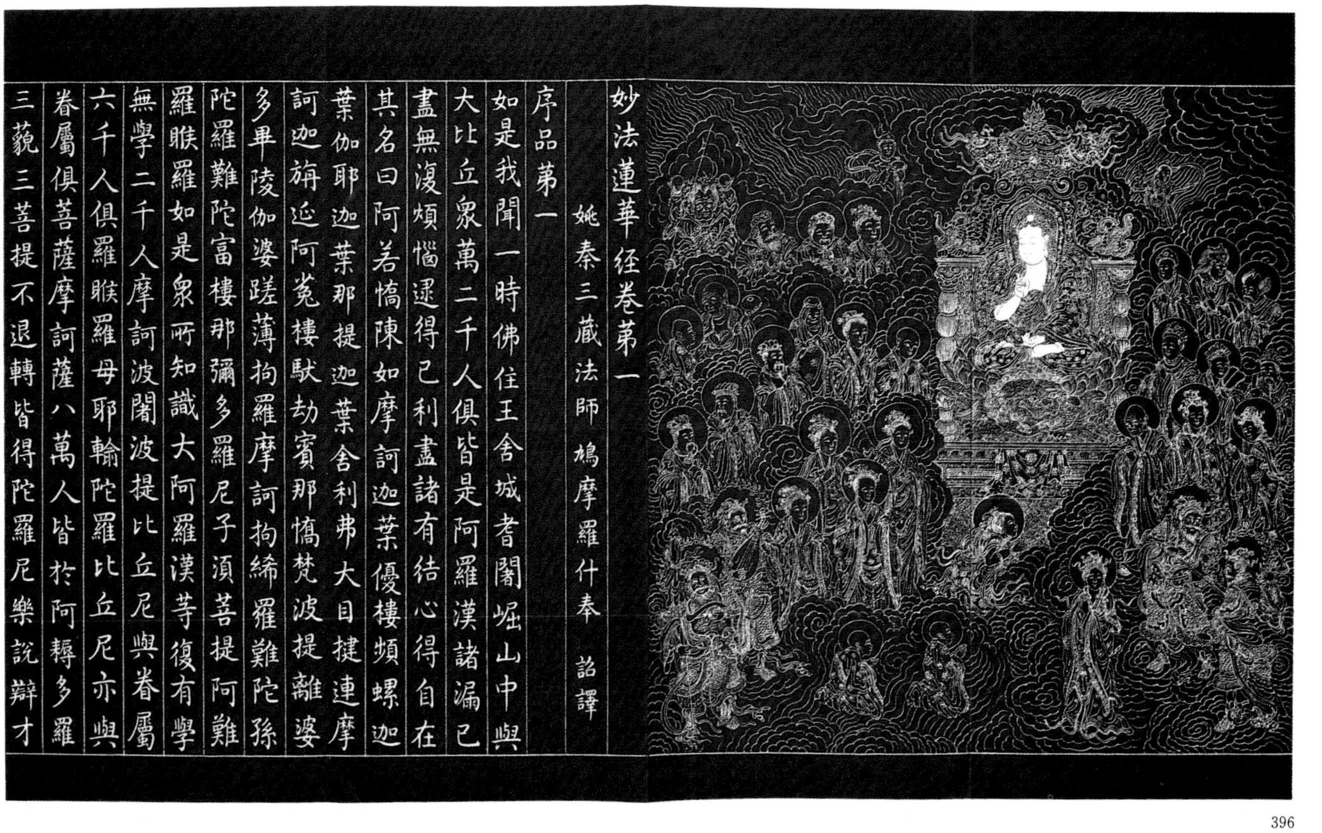

妙法蓮華经卷第一

姚秦三藏法師 鳩摩羅什奉 詔譯

序品第一

如是我聞一時佛住王舍城耆闍崛山中與
大比丘衆萬二千人俱皆是阿羅漢諸漏已
盡無復煩惱逮得己利盡諸有結心得自在
其名曰阿若憍陳如摩訶迦葉優樓頻螺迦
葉伽耶迦葉那提迦葉舍利弗大目揵連摩
訶迦旃延阿㝹樓馱劫賓那憍梵波提離婆
多畢陵伽婆蹉薄拘羅摩訶拘絺羅難陀孫
陀羅難陀富樓那彌多羅尼子須菩提阿難
羅睺羅如是衆所知識大阿羅漢等復有學
無學二千人摩訶波闍波提比丘尼與眷屬
六千人俱羅睺羅母耶輸陀羅比丘尼亦與
眷屬俱菩薩摩訶薩八萬人皆於阿耨多羅
三藐三菩提不退轉皆得陀羅尼樂說辯才

396

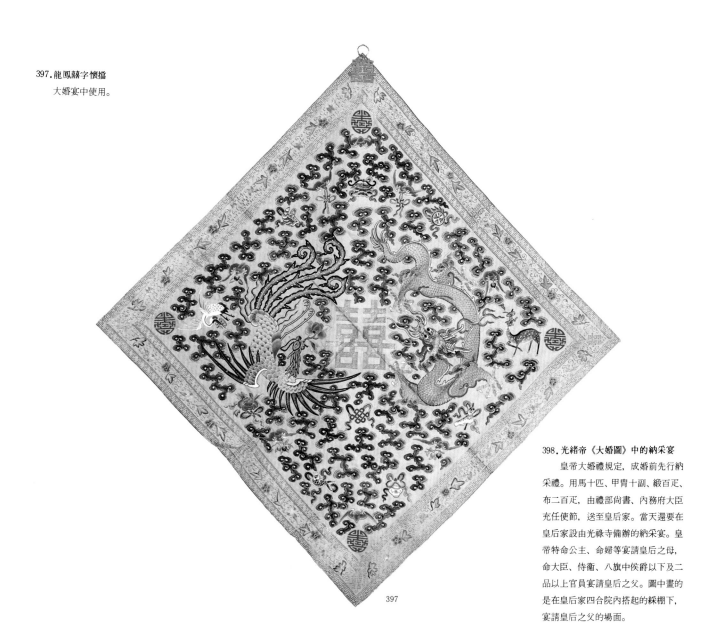

397.龍鳳囍字懷擋
　大婚宴中使用。

397

398.光緒帝《大婚圖》中的納采宴
　皇帝大婚禮規定，成婚前先行納采禮。用馬十四、甲胄十副、緞百疋、布二百疋，由禮部尚書、內務府大臣充任使節，送至皇后家。當天還要在皇后家設由光祿寺備辦的納采宴。皇帝特命公主、命婦等宴請皇后之母，命大臣、侍衛、八旗中侯爵以下及二品以上官員宴請皇后之父。圖中畫的是在皇后家四合院內搭起的綵棚下，宴請皇后之父的場面。

398

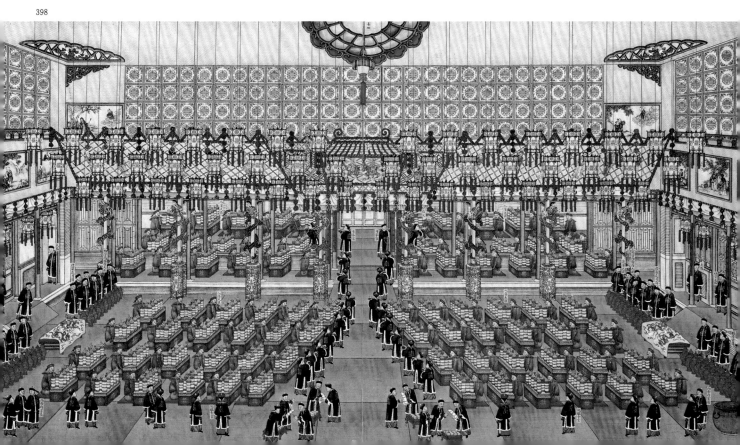

**399.光緒帝《大婚圖》中皇后的嫁妝
隊伍**

據檔案中《皇后妝奩金銀木器擡
數清單》載，妝奩共有二百擡。圖畫
中所見是自協和門進入太和門左邊的
昭德門一段，妝奩就有二十三擡。由
此可見宮俗和民俗有很多相同之處，
但規模就大不相同了。

400.囍字鳳輿

皇帝遣使冊迎皇后時用鳳輿。其
轎內外裝飾極爲華麗，內部鋪墊通紅，
充滿喜慶氣氛。

401.囍字金如意

402.囍字玉如意

　　這兩件如意是寓意吉祥，質料珍貴的大婚禮品。

403.洞房內的囍門

　　洞房一詞，古代指深邃的房屋，後專指新婚之室。清帝后成婚的洞房在坤寧宮東暖閣。明代坤寧宮是皇后居住的中宮，清代因以坤寧宮西半部作祭神的場所，每天在坤寧宮室內殺豬煮肉，不便常居，但爲了因襲皇后正位中宮的制度，洞房仍設在這裏，合卺宴也在坤寧宮舉行。實際並不在洞房久住，一般只住二、三天，待行過翌日朝見皇太后禮、第三日慶賀筵宴後，即另居其他宮殿了。皇帝一般住乾清宮或養心殿，皇后則另居東西六宮的一個宮（如同治后住儲秀宮、光緒后住鍾粹宮）。若皇帝宣旨御幸，則皇后再到乾清宮，或養心殿後殿。在養心殿兩側設有值房。皇后在體順堂（原稱綏履殿），妃嬪等則在燕喜堂（原名平安室）及東、西圍房。

404.洞房內的囍牀

　　設在坤寧宮洞房內。皇室也以多子多孫爲興旺發達的標誌，並藉此保持皇室實力的優勢。在東、西六宮后妃居住的地方，便有百子門、千嬰門、螽斯門等名稱，明清兩代一直沿用；甚至在養心殿後圍房掛有御筆匾文"早生貴子"。洞房中更以"百子帳""百子被"來表達這種意願。這種宮俗早在唐宋宮廷已有。

405.同治帝朝服像

　　縱262cm　橫139.7cm

　　同治帝名載淳，清入關後第八代
皇帝，咸豐六年（1856年）三月廿三
日生於儲秀宮後殿。生母爲咸豐懿嬪
葉赫那拉氏（即慈禧太后）。六歲登
極，十七歲大婚，十八歲親政，十九
歲病死於養心殿。同治皇帝一生是在
慈禧太后控制下度過的，沒有什麼作
爲。

406.孝哲毅皇后朝服像

　　縱239cm　橫112.5cm

　　孝哲毅皇后阿魯特氏，即同治皇
后，蒙族人，戶部尙書崇綺之女，住
安定門內板廠胡同。同治帝死後僅七
十餘日，亦死於宮內，年方廿二歲。

406

407. 陀羅經被

縱223cm 橫152cm

陀羅經被是一種織有金梵字經文的隨葬物。清宮喪俗，皇帝、皇后的棺材稱梓宮，均用楠木製造，要漆四十九次，最後滿塗金漆。皇貴妃以下至嬪的棺材稱金棺，漆的次數以等級遞減。貴人以下的棺材稱綵棺，塗以紅漆。帝后、貴妃、妃、嬪規定均用陀羅經被，貴人以下則沒有，但皇帝可以賜與。被上用金線織有密咒，即陀羅經。據佛教傳說：此種密咒，功德無量。如覆蓋在死者身上，即使生前罪惡深重，也不會墮地獄，而能達到西方極樂世界。此被係宣統元年（1909年）由蘇州織造棪興監製貢入。

408. 誕辰忌辰名單

此名單懸掛在養心殿內，是每個皇帝的生日及帝、后的死期的備忘錄。誕辰要派大臣行禮，忌辰文武官員須穿素服。

409

409.梁各莊行宮

在易縣清西陵之東十餘里，爲皇帝謁陵時棲止之所。光緒帝及珍妃曾停靈於此。

410.大舉圖

舉即輿字，在此專指擡靈柩的槓架。皇帝的靈柩移往陵墓時，在城內先用八十八人擡行，出城外再改用一百二十八人擡行。帝靈一出殯宮，即沿途撒揚紙錢，直至陵墓。皇貴妃移葬時到禁城外撒紙錢，貴人以下只許在皇城外撒紙錢。

411.壽皇殿

壽皇殿，明代原在景山中峯之東北，乾隆十四年（1749年）改建在景山中峯之後。殿內平時懸掛歷代皇帝畫像，遇有皇帝死亡，則作爲暫時停靈的殯宮。

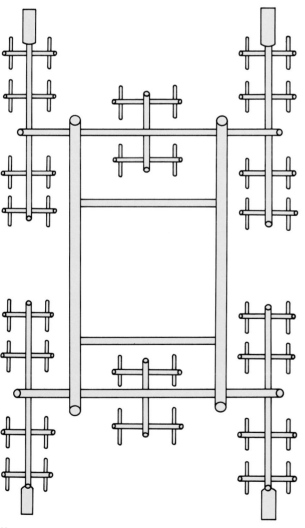

410

411

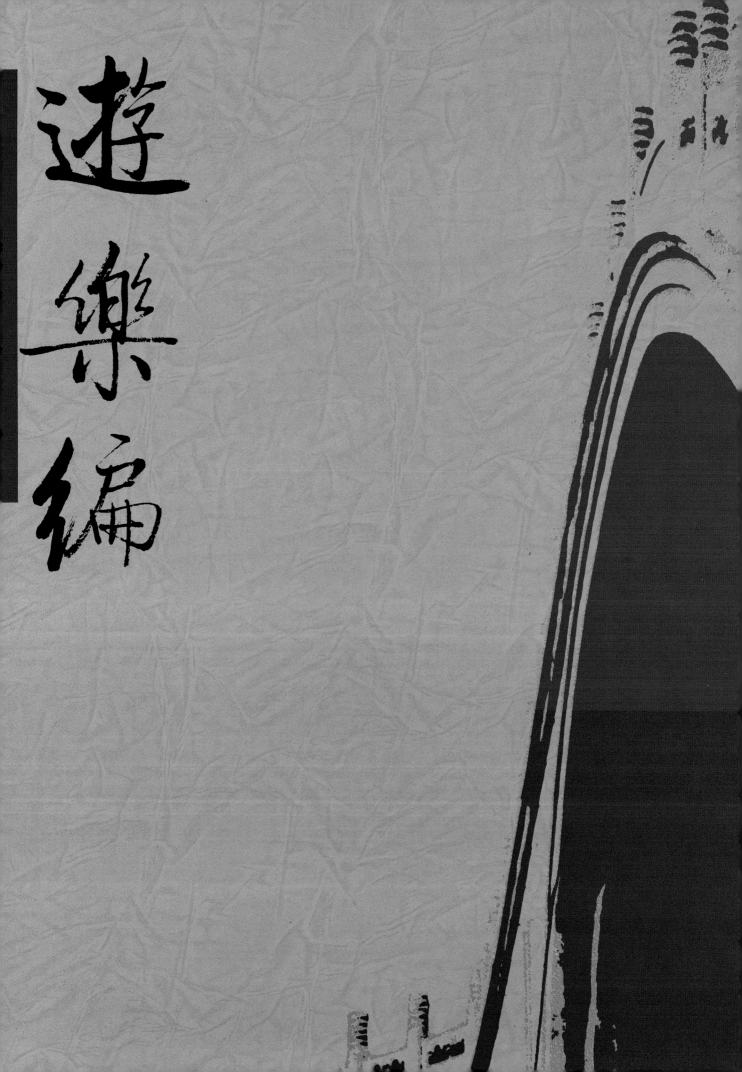

遊樂編

遊玩行樂，是清代帝后妃嬪生活的主要內容，而主要的遊樂場所是皇家園林。清代皇家園林規模大，數量多。皇宮內有御花園、慈寧宮花園、建福宮花園和寧壽宮花園。這四座花園的建築以小巧、精緻、嚴整見稱。與紫禁城毗鄰的西苑，是都中最大的皇家園林。那裏有寬闊的太液池（即現在的北海、中海、南海），成爲皇家的遊憩勝地。大規模的皇家園林建在海淀、西山一帶。自遼、金以來，那裏就是遊覽勝地，歷朝帝王顯貴都曾在那裏營建行宮別墅。清帝更在舊行宮的基址上，花費數以億萬計的銀兩，建成聞名中外，以圓明園爲中心的宮苑。這片宮苑，包括圓明園、暢春園、萬壽山清漪園、玉泉山靜明園和香山靜宜園，合稱“三山五園”。皇家園林連綿二十餘里，幾乎獨佔了那裏的山水林田。當時西山海淀一帶，舉目所見，盡爲烟雲樹杪，鈎簷飛閣。

清帝修建宏大的園林，是生活上的需要。紫禁城中的建築規制嚴格，佈局呆板，帝后久居其中，會感到侷促。離宮別苑不但景致賞心悅目，生活禮節上也可稍爲放鬆，較自由自在。從康熙到咸豐朝，各代皇帝都攜宮眷，長時間居住在京西諸苑。隆冬季節，帝后暖居宮中，等正月宮中舉行過慶賀、祭祀等典禮後，即離宮赴園。除必要的典禮、祭祀須返回皇宮外，帝后一般都住在園內。到六月前後，纔赴避暑山莊，然後到木蘭秋獮。九月中旬秋獮結束後，或回宮中，或仍回京西諸苑。十一月初，清帝纔正式返回皇宮。清中期，京西皇家園林成爲皇室實際的活動中心，宮內諸園平時較少使用。當然皇家園囿，按地理、用途不同，各有特色。

御花園位於紫禁城後部。堆秀山與延暉閣是花園的兩扇屏風。盝頂重簷的欽安大殿雄踞花園正中。風格迥異的絳雪軒和養性齋遙遙相對。整個花園佈局調和嚴謹，氣氛凝重靜穆。帝后妃嬪，在宮中生活時，常到此園賞花行樂。

慈寧宮花園位於慈寧宮南，是專供太后、太妃散心的地方。太后、太妃品位雖崇，但生活空虛，無所寄托，而且年齡差距很大。年紀輕的不過三十歲左右，甚至有更小的。如康熙帝的生母孝康皇后當太后時，只有二十三歲。這樣的年紀就孀居慈寧宮，其孤獨、憂鬱可想而知。慈寧宮花園佈局嚴整，氣氛肅穆；不像其他花園那麼綺麗清新。除咸若館、寶相樓等幾座嚴格對稱的佛堂樓閣外，很少點綴。

建福宮花園和寧壽宮花園均建於乾隆時期。乾隆帝是清朝諸帝中最有條件、也最會享樂的皇帝。雍正帝死後，乾隆帝在養心殿守制二十七個月，深感枯燥不堪。他聯想到若干年後皇太后賓天，自己年事已高，還要熬另一次二十七個月的守制。因此在乾隆五年（1740年）下令修葺建福宮及花園，“以備慈壽萬年之後居此守制”。建福宮花園就修在昔日原青宮（乾隆帝即位以前的居處）重華宮之右。地雖不闊，然亭軒錯落，又有山石花木點綴其間，亦頗曲折有致。乾隆帝曾在這裏奉皇太后賞花並侍膳。後來皇太后死於暢春園，乾隆帝雖未遂初衷，却也將此地當成宮中又一行樂之所。

乾隆帝願望做滿六十年皇帝即傳位，所以從三十六年（1771年）即開始修建寧壽宮一區宮殿，同時修建了寧壽宮花園，預備當太上皇後，頤養天年。乾隆帝因爲欣賞建福宮花園，希望歸政後也能生活在那樣的環境中，所以特命仿照建福宮花園的建築修寧壽宮花園。寧壽宮花園的整個造園水平超越建福宮花園。園中建築的題名，如“倦勤齋”、“符望閣”、“遂初堂”、“頤和軒”等等，處處表現着乾隆帝做太上皇的心願。

實際上乾隆帝歸政後，並沒有在寧壽宮居住。只是在位時曾與皇太子顒琰（嘉慶帝）來此遊憩賦詩。晚清慈禧太后在此居住多時，六十壽辰就是在這裏度過的。

西苑太液池，自金時起就爲御苑；經元、明兩朝經營，到清初成爲都中皇家最主要的園林。又因毗鄰紫禁城，更成爲順治、康熙二帝政務活動和遊樂的重要場所。

在京西諸園尚未大事營建之前，帝后夏季多在西苑避暑。他們不僅在那裏遊樂嬉戲，且每天清晨都在那裏召見大臣，改乾清門“御門聽政”爲“瀛臺聽政”。瀛臺是南海中的一個小島，曲廊迂迴，飛閣環拱，古木奇石，青翠欲滴，宛如畫中的海上仙山，所以特名爲瀛臺。入夏後，康熙帝在聽政時，還仿效宋代皇帝賜諸臣於後苑賞花釣魚的故事，於橋畔懸設魚網，待羣臣於奏事之暇，各就水次垂釣。

隨着康熙帝避暑西苑，后妃們也紛紛遷入。康熙的祖母孝莊文皇后喜愛太液池北岸的五龍亭，康熙帝特在五龍亭北葺間館數間，做爲太皇太后避暑之所。聽政之餘，常駕小舟前來請安，並在五龍亭侍奉太皇太后進膳。

立秋後，皇帝不再在西苑處理政務，但在西苑的活動並不減少。康熙年間，中元節所建盂蘭盆道場就設在西苑。自農曆七月十三至十五日，每當明月昇入中天，太監宮女就手執荷燈、環湖而立。數以千計的荷葉燈，青碧熠熠，爲太液池鑲上一圈夜明珠。又有一些太監，將上千盞琉璃造的荷花燈放入池中。花燈隨波上下，與波光粼粼的湖水交相輝映。此時，在西苑萬善殿修行的和尚喇嘛，開始奏梵樂，誦佛經。在經樂聲中，康熙帝自瀛臺登舟，穿過盞盞荷燈，環湖暢遊。原本嚴肅的佛門法事，在西苑却演變成快樂的節日。無怪當時隨康熙帝遊湖的南書房大臣高士奇，稱此爲“苑中勝事”。

數九隆冬，大地封凍，太液池的新冰平滑如鏡。帝后在西苑的活動也隨着季節而改變。西苑觀冰嬉，是此時一項重要的娛樂。據記載，早在宋朝皇宮就有滑冰這項娛樂。清朝因注重武功，更將滑冰與習武結合起來，對冰嬉尤爲重視，納入國俗。每年冬天，要從各地挑選上千名善走冰者入宮受訓，從冬至到三九，在太液池上表演，供帝后觀賞。

西苑觀冰嬉，多在北海白塔西側的慶霄樓。每到觀冰嬉日，北海四周搭起彩棚，插彩旗，懸彩燈，十分熱鬧。慶霄樓裏燃起熊熊炭火，擺上果品酒餚。帝后坐在明淨的玻璃窗後，欣賞走冰能手供演絕技。

冰嬉表演有速度滑冰、花樣滑冰、冰球賽等若干種。速滑者流行冰上，星馳電掣。花樣滑冰者，在冰上做出哪吒探海、鷂子翻身等種種姿式。冰球賽者分兩方穿着冰鞋滑行踢球，互相追逐，力求得勝。還有一種冰上射箭比賽，稱爲轉龍之隊。表演者各按八旗之色。以一人舉小旗做前導，二人攜弓隨其後。參加者共三、四百人，在冰上盤旋曲折滑行。遠遠望去，蜿蜒如龍。

清帝在京中最大的遊樂御苑，是京郊西山的海淀。那裏有層巒疊嶂的香山、玉泉山和甕山；有萬泉莊泉水滙集而成的百頃湖泊丹陵沜。每到夏秋，羣山交青佈綠，湖水澄碧晶瑩，景色秀麗宜人。康熙帝看上這裏的景色，於二十三年（1684年）在明武清侯李偉的清華園舊址上，修建清王朝在京西第一所大規模的皇家園林暢春園。園中清麗的湖光山色，使康熙帝每一"臨幸"，就"煩痾乍除"。從此，康熙帝把暢春園作爲避喧聽政之所，一年中倒有半年生活在這裏。

玉泉山在海淀西北，山下石礴嶙峋，溝壑交錯，噴湧而出的泉水滙集成河流湖泊，成爲京西主要水源。金章宗時就已在玉泉山山麓修建芙蓉殿行宮。飛流湧濺的泉水被稱作玉泉垂虹，是著名的燕京八景之一。康熙帝在修建暢春園之前，曾將元、明遺下來的玉泉山行宮重新修繕，建成澄心園，康熙三十一年（1692年）更名靜明園。

清帝在京西大事修造離宮別苑以供遊樂，於乾隆時期達到頂峯。圓明園及附園長春園、綺春園、香山靜宜園、萬壽山清漪園及玉泉山靜明園，均爲當時新修或擴建。在這片園林之中，圓明園因着意體現歷代山水名畫的意境，並採取精巧綺麗的江南名園盛景，又兼收西洋古典園林的特點，成爲一座佔地數千畝的巨大藝術園林。圓明園初爲康熙帝所建，後賜給皇四子胤禛。經過雍正、乾隆兩朝大事修建，清帝不僅把這裏當成臨朝聽政之處，更把遊樂活動，從西苑搬到海淀。

帝后的遊樂內容可謂豐富別緻。尤其在圓明園放烟火、賽龍舟，以及逛買賣街等活動，較之在京內諸園的遊樂更具特色。座落在圓明園後湖西面的山高水長，是乾隆時期一年一度舉行元宵節烟火大會之地。元宵節前後五天，宗室外藩、王公大臣及外國使臣等，受命前來陪同乾隆帝觀賞烟火。皇帝和大臣入座後，首先觀賞雜技和民族樂曲，接着燃放烟火，直插雲宵。這時膳房大臣進果盒，由乾隆帝親自頒賜給所有侍座者。君臣一面品嚐精細的果品，一面觀賞樂部表演"魚龍漫衍，炫耀耳目"的燈伎。最後才是放烟火。空中"火繩紛繞，儼如飛電。俄聞萬爆齊作，轟雷震天"。每次等到月上中天，盛會才告結束。

福海是圓明園中最大的湖泊。湖中有小島，島上景名蓬島瑤臺，恰似古人虛幻的仙山樓閣。每到端午節，宮中在福海舉行傳統的賽龍舟表演。乾隆帝常在這天先陪其母在圓明園西部的萬方安和樓用早膳，然後同到湖心的蓬島瑤臺觀看比賽。參加競渡的賽舟均爲飛龍鷁首，簫鼓畫船。龍舟在岸邊作一字排列，命令一下，立即蘭橈鼓動，旌旗蕩漾，龍舟畫舫，爭相競渡，場面甚爲壯觀。

經年累月生活於深宮禁苑的帝后妃嬪，公主阿哥，根本沒有機會體嚐平民百姓遊逛廟會市場的生活樂趣。爲了彌補這種缺憾，乾隆帝特在圓明園舍衛城前設立了一條買賣街。那裏市場店鋪、酒肆茶坊、旅館碼頭，鱗次櫛比；珍寶雜貨，一應俱全。每當乾隆帝蒞臨，太監就化妝成商人小販，居民伏役，陳市列貨，開埠迎船，推車挑擔，各有所事。街上行人摩肩接踵，熙熙攘攘。人們似乎毫不覺察皇帝駕臨，仍繼續買賣交換，說書賣藝，劃拳行令，喝茶談天。甚至還有太監假扮竊賊，施展剪絡之技，然後當場被擒，由官吏監察送往監獄。有時買賣街也上演民間婚喪嫁娶的場面，街上鼓樂聲揚，熱鬧喧闐。乾隆帝每次遊買賣街，都以高價購進一批珠寶古玩、絲綢緞匹。直接受惠者就是各宮妃嬪。隨行的阿哥、公主，則可從這有限的買賣街中，窺見紫禁城外的另一個天地。

清帝在海淀還有一處重要的遊樂場所，即圓明園以西、甕山泊畔的清漪園。那裏原有明代皇帝所建行宮。乾隆十五年（1750年），乾隆帝爲給其母崇慶皇太后恭祝六十壽辰，特在甕山上修建大報恩延壽寺，並將甕山更名萬壽山，山前湖泊名爲昆明湖。二十六年（1761年）定園名爲清漪園。後來不知何故，乾隆帝忽然下令，將正在施工的延壽塔拆掉，而仿黃鶴樓建起八面三層四重簷的佛香閣。乾隆帝由於"山水之樂不能忘懷"，因此把御苑的設計和安排，也當成一種娛樂和消遣，對清漪園的營建十分上心。南巡無錫，乾隆帝發現其祖康熙帝屢遊的惠山秦家寄暢園玲瓏清麗，幽致喜人，立即決定把此園移至京城，命隨行人員對照繪圖。回鑾後，即在萬壽山東麓仿寄暢園修建園中之園惠山園。園成後，乾隆帝高興地稱它"一亭一徑，足諧奇趣"。嘉慶年間因此意改名諧趣園。

雖然乾隆帝對清漪園的營建花費了不少精神，但它的全盛時期，却不在乾隆年間，而是在晚清慈禧太后統治清王朝之時。那時西山海淀供帝后遊樂的巨大皇家園林，大都毀於英法等國侵略軍的焚掠之中。慈禧太后爲滿足自己遊樂私欲，無視民生凋敝，國運日衰，在修復圓明園不成後，轉而用興辦海軍的名義修治清漪園，並以"頤養冲和"之意，改園名爲頤和園。

慈禧太后耗費巨款，大興土木，修成頤和園後，長年住在園中，只冬天才返回紫禁城。她在園中，大部分時間打發在看戲、遊湖、照相、筵宴等娛樂活動。看戲是慈禧一大癖好。爲此在園東部建德和園大戲臺。這座戲臺雖爲園林設施，但規模却超出紫禁城的戲樓暢音閣。不僅有爲演神鬼戲設置的天井和地井，而且在舞臺底部還設有水池，演戲時臺上可以噴出壯觀的水景。

當然，清代帝后的遊樂不僅限於京都，他們到各地巡幸狩獵，也離不開遊玩行樂。比如承德避暑山莊、薊縣靜寄山莊等都是他們遊樂的地方；避暑山莊還建有類似頤和園的戲臺清音閣。

412.從御花園御景亭西望

　　御景亭為四角攢尖小方亭，建在
御花園東北部的堆秀山上。據說重陽
節時，帝后妃嬪在此登高遠眺。從御
景亭西望，不僅可以看到園內的蒼松
翠柏，欽安殿別緻的鎏頂，以及西部
雨花閣上的飛龍，更可遠眺西山。

413.御花園養性齋

　　養性齋座落御花園西南角。清帝
在政務之暇，常到這裏翻檢書史，吟誦
詩章。室內 "自是林泉多蘊藉，依然
書史得周旋"的對聯，就是康熙帝在養
性齋小憩時之偶得。

414　　415

414.御花園絳雪軒

　　絳雪軒與養性齋遙遙相對。軒前原植有數棵高大的海棠。陽春三月，盛開的淡紅色海棠，爲這座建築迎來"絳雪"的芳名。

415.寧壽宮花園遂初堂

　　乾隆帝在位六十年後，禪位於皇十五子，實現了即位時所立下的六十年後當太上皇的心願，特在頤養天年的寧壽宮花園中，題"遂初堂"之匾。

416.寧壽宮花園聳秀亭

　　聳秀亭在遂初堂後的太湖石堆山上，亭前是深達數丈的陡立峭壁。從亭內外望，可將寧壽宮花園景色盡收眼底。

416

417.北海慶霄樓

　　慶霄樓為白塔山南面的半山建築。取慶霄二字作樓名，意為樓宇巍峨，可接瑞雲。每到臘月，乾隆帝奉皇太后到此觀賞冰嬉。

418.乾隆帝御題燕京八景之一──瓊島春陰

　　此碑矗立在白塔山東麓。白塔山又名瓊華島，在羣芳吐艷的春日，石碑四周繁花似錦。乾隆帝的題詞起了畫龍點睛的作用。

419.北海靜心齋

　　靜心齋座落在太液池北岸，初名鏡清齋，是一座玲瓏秀麗的園中之園。乾隆帝到西苑西天梵境禮佛時，以此園為休息之所。

419

420.南海瀛臺

瀛臺在西苑南海，明時稱南臺，清代自順治年間修葺後開始使用。因其秀麗多姿，似海上仙山，故改稱瀛臺。

421.南海寶月樓

西苑南海南岸，地長狹而少建築。乾隆二十三年（1758年），為點綴南岸而建寶月樓。乾隆帝曾有"寶月昔時記，韶年今日通，……鱗次居回部，安西繫遠情"的詩句，又有"樓臨長安街，街南俾移來西域回部居之，室宇即肖其制"的解釋，人們就傳說寶月樓乃乾隆帝為取悅回妃和卓氏（俗稱香妃）而建。實則寶月樓創建時，和卓氏還沒有進宮。

422.瀛臺涵元殿

瀛臺涵元殿在戊戌變法失敗後，成為慈禧太后軟禁光緒皇帝的處所。

423.南海流水音

曲水流觴，為古代文人墨客的一種風雅活動，因晉代王羲之與友人在蘭亭修禊，並流傳有字帖而著名。清帝欣賞這種雅事，特在西苑及寧壽宮花園等地建有象徵性的流杯亭。乾隆帝還為南海流杯亭題匾名"流水音"。

421

422

423

424

424.《冰嬉圖》

縱35cm　橫578.8cm

清宮廷畫家金昆等繪。隆冬時節,清帝與王公大臣在太液池金鰲玉蝀橋旁觀看善走冰的能手表演轅門射球等滑冰技術。

425.《冰嬉圖》局部

大臣侍衛簇擁着皇帝觀冰嬉所乘坐的冰船。

426

426.清人繪圓明園"山高水長"

427.清人繪圓明園"萬方安和"

428.圓明園"萬方安和"遺址
　　萬方安和是圓明園中一座別緻的
建築，於池中建室，形如卍字。此地
冬暖夏凉，四時皆宜，深得雍正帝喜
愛。他不但常在此地居住，還爲曲折
廻廊題"佳氣迎人"，"四方宇靜"
等九種四言景名。

427

428

429. 雍正帝《行樂圖》

縱206cm 橫101.6cm

清人繪。雍正帝雖以"不喜華靡"，"崇儉不奢"自稱，但對聲色犬馬也並非無動於衷。他常要畫家爲他畫一些頭戴假髮、身着西裝或漢裝的遊戲像。此圖表現雍正帝和妃嬪在圓明園着漢裝遊樂的情形。

429

430

431

432

430.長春園海晏堂銅版畫

　　清宮中任畫師的歐洲傳教士所繪。海晏堂爲長春園歐式建築之一，堂前有法國傳教士設計製造的十二生肖噴水裝置。

431.海晏堂遺址

　　咸豐十年（1860年），英法侵略軍焚毀了圓明園，宏大雄偉的歐式建築海晏堂亦難幸免，變成一片廢墟，僅剩下堂前一些巨大石雕，似乎還在向人們訴說着當年痛苦的歷史。

432.圓明園舍衞城遺址

　　舍衞城是圓明園中一座仿古印度城池佈局而建的小城，供奉各種佛像，收藏各類佛經。

277

433

433.乾隆帝《雪景行樂圖》

　　清代宮廷畫家郎世寧、唐岱、陳
枚、沈源、孫祜、丁觀鵬等繪。反映
乾隆帝於雪天在圓明園與妃嬙子女遊
樂嬉戲的情景。

434. 道光帝《喜溢秋庭圖》

　　縱181cm　橫205.5cm

　　清人繪。表現道光帝與皇后（或
皇貴妃）於陽光和煦的秋日，着便裝
在圓明園愼德堂，觀看皇子公主與狗
嬉戲的情景。畫家在圖中描繪了帝王
家庭中的天倫之樂。

435

435. 萬壽山惠山園

　　惠山園在萬壽山東麓。乾隆帝於
十六年（1751年）南巡時，因喜愛無
錫惠山古園寄暢園，特命畫工對園繪
圖，回鑾後依圖在萬壽山東麓開池數
畝，環池修各式玲瓏館軒，又築知魚
橋，建起惠山園。嘉慶年間依乾隆帝
題詩“一亭一徑，足諧奇趣”之意更
名諧趣園。

436.頤和園

京西海淀，有一座青黛的山峯和一池澄瑩的碧水。乾隆年間在那裏建清漪園，並爲山水定名萬壽山和昆明湖。每到夏季，清帝常前往觀看健銳營在昆明湖上演習水操。清末光緒年間重修此園，並改名爲頤和園，做爲慈禧皇太后行使權力和頤養天年之所。

437.昆明湖玉帶橋

玉帶橋是昆明湖西堤上唯一的一座拱券式石橋，用青白石與漢白玉築成，橋身潔白如玉，橋形彎若腰帶，故稱玉帶橋。

438.頤和園內德和園大戲臺

德和園大戲臺原爲清漪園怡春堂。慈禧居頤和園時，爲滿足聽戲的嗜好，在怡春堂舊址上建起大戲臺。晚清名優譚鑫培，楊小樓等都曾在此爲慈禧演戲。

439.昆明湖畔銅牛

乾隆二十年(1755年)鑄造。牛背上鑄有八十字的篆體銘文《金牛銘》。銘中說此銅牛是根據夏禹治河時，曾鑄鐵牛以安瀾的傳說，爲鎮壓水患而鑄造的。

440

440.《靜宜園全圖》

　　清工部尚書董邦達繪。康熙年間
於香山初建宮室數間，不施彩繪，保
留山野雅趣。乾隆八年（1743年），
乾隆帝遊香山後，命葺園增室，在當
年行宮舊基址上建起新園，定名靜宜
園，並命二十八景名。

441

442

441.香山宗鏡大昭廟

　此廟爲靜宜園中一黃敎寺廟。乾
隆四十五年（1780年），西藏班禪喇
嘛進京覲見，乾隆帝爲團結蒙、藏貴
族，表示優禮蒙、藏地區崇信的黃敎，
下令在香山仿班禪在前藏居住的廟
宇，建大昭廟，供班禪下榻。

442.香山大昭廟琉璃塔

443.香山碧雲寺

　本爲元代古刹。明正德時太監于
經在寺後建冢，天啟時太監魏忠賢也
在寺後預建墳塋。乾隆十三年（1748
年），有西域僧人入覲，攜帶金剛寶
座塔樣式，乾隆帝便命依樣在碧雲寺
後建起這組漢白玉的金剛寶座塔。

444

443

444.香山見心齋

　此園是建在香山山麓的一座小巧院
落。院內有碧水一泓，池園曲廊環繞，
池東爲知魚亭，池西是嘉慶帝題匾的
見心齋。小院有濃蔭覆蓋的香山爲借
景，更顯得清新幽靜。

445.靜明園

　　此園在玉泉山之陽，原爲金章宗
行宮，康熙年間依舊址修建是園。乾
隆年間，依鎮江金山妙高峯之制建塔，
名"玉峯塔影"，列爲靜明園十六景
之一。

446.釣魚臺養源齋庭院

　　釣魚臺位於京城西郊，原名同樂
園。因金代章宗曾在此釣魚，歡宴羣
臣，後名釣魚臺。清乾隆年間疏浚了
釣魚臺湖水，在湖濱修建了行宮，並
題正殿名養源齋。

447

448

447.步輿

　　清帝乘坐的肩輿按不同場合而有
嚴格規定。大致可分禮輿、步輿、輕
步輿、便輿四種。這頂步輿的樣式很
像民間的山轎,由八人或十六人擡行,
是皇帝在宮內往來時乘坐的工具。

448.《崇慶皇太后萬壽圖》局部—冰
　　船

　　清時,在長河、護城河等處皆可
乘冰船,乃當時的一種水上遊戲。

449

449.《避暑山莊圖》

　　縱254.8cm　橫172.5cm

　　清宮廷畫家冷枚繪。康熙四十二年（1703年），康熙帝爲加強對蒙古各部落的統治，也爲療養避暑，在塞外承德利用自然地勢，引水造湖，依山築室，不加雕鏤，不施彩繪，建成古樸淡雅的避暑山莊。此圖反映了初建時山莊湖區風貌。

450

451

452

453

454.避暑山莊萬樹園

避暑山莊西側樹林中有一塊空曠平坦、綠草如茵的廣場，支有帳篷，頗具蒙古草原風光。乾隆帝常在這裏賜宴各族王公，並賜觀賞摔跤、馬術、音樂、百戲等。

454

450.避暑山莊水心榭

水心榭爲三座並列的重簷四角方亭，是乾隆年間新增避暑山莊三十六景之一。

451.避暑山莊烟雨樓

烟雨樓在山莊如意洲靑蓮島上，乾隆年間仿嘉興南湖烟雨樓而建。在迷濛的雨天登樓遠眺，烟雨蒼茫，水天一色，宛如一派江南景象。

452.避暑山莊小金山寺

如意洲東，有一座山石堆砌的陡峭假山，下有洞府，上爲平臺。矗立在山巔的上帝閣，與鎮江金山寺如出一轍。循梯而上，一步一層天，大有登金山之感。

453.采菱渡

在如意湖芝徑雲堤西側，有一座形如斗笠的草亭。亭後有曲廊迴繞的殿堂。康熙帝以此處幽雅恬靜，有靑山碧水環抱，特爲正殿題名“環碧”。如意湖曾是清帝泛舟探菱的地方。乾隆帝對此景也很欣賞，因題名爲“采菱渡”，列入三十六景。

455.《萬樹園賜宴圖》

　　縱221.2cm　橫419.6cm

　　清宮廷畫家，意大利傳教士郎世寧、法國傳教士王致誠（Jean Denis Attiret, 1702−1768）等繪。康、雍、乾時期，居住在新疆地區的額魯特蒙古各部落間，發生過長達數十年的動亂，清政府也幾次出兵平亂。乾隆十九年（1754年），額魯特蒙古之一的杜爾伯特部首領明確表示要求內徙，歸順清朝。乾隆帝十分高興，於這年夏天在避暑山莊萬樹園接見了杜爾伯特部首領，並賜宴封爵。宮中畫家奉命前往熱河繪畫，記錄了這一歷史事件。

456

456.《馬術圖》

　　縱225cm　橫425.5cm

　　清宮廷畫家郎世寧等繪。乾隆帝
在避暑山莊接見杜爾伯特部首領後又
賜爵賜宴，賜觀馬技、歌舞。此圖表
現清八旗將士爲遠方來客表演精湛的
馬上技藝的情形。

祭祀編

祭祀，包括祭天、祭神、祭祖，是清朝宮廷重要的禮儀活動。其中包括有：大祀、中祀、羣祀的朝廷傳統祭祀；滿民族特有祭堂子和坤寧宮祭神；與漢族相似的祭祖活動，如祭太廟、祭奉先殿和祭陵等。

由朝廷禮部主持的大祀、中祀、羣祀近八十種，屬內務府主持的皇室祭祀有十來種。皇帝既是國家的元首，又是皇室的主宰，無論哪一方面的祭祀，凡屬重要的，皇帝均須親自參加。祭祖活動自然更要躬親致祭，以展孝思。

祭祀雖爲清宮的重要典制，却沒有實質的內容，全靠繁文縟節來支撐。按照規定，不同的祭祀要供奉不同的神位，用不同的祭器、玉帛、牲牢。大祀、中祀前，皇帝要齋戒。齋戒期內，朝廷各衙署要掛齋戒木牌；宮中乾清門也要掛齋戒牌和安放齋戒銅人；皇帝要遵行"六禁"；執事人等則不准茹葷、飲酒，以及吐痰沫，犯者要受處分。

"禮莫重於祀天"，祭天是大祀中最重要的。除特殊情況外，皇帝都要親詣行禮。祭天定在每年冬至日，意爲"迎長日之至"。祭天前三日，皇帝先在宮內齋戒，經過一系列繁雜的準備後，於祭天前一日乘玉輦至天壇齋宮齋戒一天。到祭日，皇帝詣圜丘壇，在獻樂舞中行迎神、奠玉帛、進俎、讀祝文、三次獻爵、受福胙（祭肉）、送神、望燎等繁縟的祭禮。皇帝並要率羣臣行三跪九叩禮多次，祭天儀式纔告結束。

重農爲中國統治者的傳統政策，清王朝也不例外。因此把祭先農、先蠶列爲中祀，並由帝后親行祀典。每年仲春吉亥，皇帝到先農壇祭先農，向先農神炎帝進香行禮。然後皇帝右手持黃牛拉的耒耜，左手執鞭，耆老二人牽牛。皇帝持耒三推，順天府尹手捧青箱，戶部尚書播種，左右揮彩旗，奏樂，老農隨後覆蓋。皇帝親耕結束後，即登上觀耕臺寶座，觀看王公大臣等耕種。按規定，王持耒五推，九卿以下官持耒九推。賸餘的絕大部分藉田，就由順天府的大興、宛平兩縣官，率參加典禮的農夫完成。

祭先蠶是清代唯一由皇后主持的國家祀典。入關之初本沒有這項祭祀。康熙朝時曾在西苑豐澤園種植桑林，試驗在北方養蠶。雍正年間始在安定門外正式建立蠶壇。乾隆七年（1742年），將蠶壇移建於西苑東北角。每年春末，皇后由妃嬪及衆女官陪同，先到蠶壇向嫘祖行六肅三跪三拜禮，三獻爵，受福胙。蠶出生後，皇后再詣桑田行躬桑禮。屆時皇后提筐持鈎，在歌採桑辭的鼓樂聲中，由蠶母（即參加祭先蠶禮的婦女蠶農）助採桑枝三條，然後到觀桑臺觀看妃嬪、公主、命婦採桑。

清代近八十種祭祀中，具有滿族特點的，是堂子致祭和坤寧宮祭神。

堂子本是滿民族在關外對祭天場所的稱呼。最初，庶民百姓家皆設有堂子。崇德元年（1636年）皇太極下令民間禁設，堂子成爲清王朝專有的祭天之地。清入關後，在長安左門外建立堂子。它的建制與歷代傳統廟堂有明顯的不同，最主要是拜天的圜殿竟爲北向，院內還

設有皇帝、皇子及八旗親王、貝勒、貝子、公的七十三個神杆石座，祭前插上稱爲神杆的松木杆。祭祀時，皇帝、皇子等各就各人杆下行禮。爲保持堂子祭祀的國俗特點，康熙年間詔罷漢官與祭。

堂子祭禮相當繁雜，其中以元旦祭神拜天、出征及凱旋祭旗纛最爲重要。皇帝一般都要親行。元旦堂子拜天禮，所祭之神平時供於坤寧宮，十二月廿六日纔由宮中請至堂子，元旦祭畢再送還原處。親征和凱旋的祭旗纛，是隨着滿洲八旗軍對朝鮮和明軍作戰的不斷取勝而建立的。凡皇帝親征，都要在堂子內門外設御營黃龍大纛，八旗大纛及火器營大纛。屆時皇帝率隨征將士前往行禮。康熙三十五年（1696年），康熙帝親征額魯特蒙古噶爾丹動亂前，曾率出征將士及朝中王公大臣到堂子行告祭禮。這次大典康熙帝身着戎裝，腰佩刀箭，行至堂子，號角齊鳴，聲勢壯大。康熙帝在堂子內門以外地方先向南行三跪九拜禮，又向纛旗行禮。禮畢，親軍高舉纛旗，從征將士隨從皇帝，浩浩蕩蕩，踏上征途。

坤寧宮祭神是堂子致祭的補充。皇太極以堂子祀典爲最尊，遇不祭堂子時，將所祭諸神供奉祭祀於寢宮清寧宮。清初按清寧宮舊制，將坤寧宮改建爲內有三面連炕和兩口鍋竈，外有神杆的祭神之地。

坤寧宮所祭之神教派不一。如每天朝祭釋迦牟尼、觀音菩薩、關聖帝君；夕祭穆哩罕神、畫像神、蒙古神等。重要的祭神活動，帝后會到場，每天的朝、夕祭則不參加。朝、夕祭要在坤寧宮神前殺兩頭生豬，並在坤寧宮內煮熟。祭祀時由司祝官（俗稱薩滿）擊鼓唱歌，並有三弦、琵琶、拍板伴奏。祀典結束後，祭神的肉按規定分給散秩大臣、侍衛等食用。

除坤寧宮外，養心殿、寧壽宮，及慈寧宮等帝后寢宮，也都供有神龕、佛龕，但一般不舉行大規模祀儀。清宮這種祭必正寢的風俗，是滿民族在關外生活時的反映。皇太極和順治帝將清寧宮和坤寧宮改爲祭神場，不過是把這種風俗繼續推行和擴大而已。

太廟是清帝祭祖的主要場所，皇太極在盛京時已建立太廟。四季之初要進廟祭祖。先帝誕辰、忌日及清明、歲暮等，也都要去行祭禮。每月還要向祖宗薦新。順治帝入關後，沿用明制，以前明的太廟爲太廟。每年太廟祭祀有四孟（孟春、孟夏、孟秋、孟冬）時享和歲暮祫（音：洽）祭兩種。四孟時享指孟春上旬及三孟朔日的祭祀。皇帝要提前齋戒，屆時詣太廟奉獻牲果，上香行禮，祭祀祖宗。歲暮祫祭則在每年除夕前一天，將太廟中殿、後殿所奉的神位移至前殿，遣官提前致齋視牲，屆期皇帝親詣行禮。乾隆三十七年（1772年），乾隆帝已六十二歲，認爲自己年事已高，恐祫祭時稍有失儀，則失誠敬。因此從這一年起，凡歲暮祫祭，乾隆帝都指派四位親王、皇子，隨同上香行禮。只是到六十年（1795年）乾隆帝準備歸政前夕，才又以八十五歲高齡，單獨詣太廟拈香行禮，躬行祫祭，以示敬祖至誠之心。

清帝死後，和歷代帝王一樣，都有規模巨大的陵寢，以便後嗣四時致祭。陵寢成爲祭祖的另一重要場所。

清代帝王和后妃的墓地統稱陵寢。實際上，帝后墓稱陵，妃嬪等人的墓稱園寢。清代帝王陵寢主要分佈在三個地方，即今東北遼寧省的盛京三陵、河北省遵化縣的東陵和易縣的西陵。

清入關前，太祖努爾哈赤和太宗皇太極死後，分別葬在盛京（今瀋陽）的天柱山和隆業山，是爲福陵和昭陵，它與興京（今遼寧省新賓縣）啓運山下清朝的祖陵——永陵，合稱盛京三陵，又稱清初三陵。

東陵地點的選定，據傳說，順治帝在一次狩獵活動中，偶然來到河北省遵化縣馬蘭峪西的昌瑞山下，幽美的自然環境使他流連忘返。順治帝對隨侍大臣說：“此山王氣葱鬱非常，可以爲朕壽宮。”隨手取下佩鞢（音：攝，射箭用的扳指）擲出，並對侍從說：“鞢落處定爲佳穴，即可因以起工。”順治十八年（1661年），順治帝的孝陵在這裏動工修建，順治帝死時，工程未完，到康熙二年（1663年）工程完畢後才葬入地宮，隨葬的還有孝康、孝獻兩位皇后。這就是清東陵的第一座陵墓。以後共修建十三座帝、后、妃陵墓。

清東陵東起馬蘭峪，西至黃花山，北接霧靈山，南面有天臺、烟墩兩山相對峙，中間自然形成的出入口稱龍門口。整個陵區以中間高高突起的昌瑞山爲界，可劃分爲前圈和後龍兩大部分。陵區四周層層設置紅木椿、白木椿、靑木椿，都是做爲陵區的界標。椿內禁止樵牧和耕種。靑椿之外還有二十里寬的官山，全區佔地面積達二千五百多平方公里。

清西陵位於河北省易縣城西的永寧山下，東距北京二百四十餘里，清朝在這裏最早建陵的是雍正帝。雍正帝繼位之後，起初決定將自己的陵址選在東陵的九鳳朝陽山下，以便與其父祖墓地相隣。後來又覺得其地不甚理想，怡親王及總督高其倬相度得易州境內泰寧山（永寧山）天平峪“爲上吉之壤”。經大臣議奏，都認爲易縣適合，以迎合帝意。於是，雍正帝決定將自己的陵址由東陵改到西陵。

西陵地處丘陵，四面環山，古松成林，風景非常秀美。陵區北起奇峯嶺，南到大雁橋，東自梁各莊，西至紫荊關。四周廣設紅、白、靑椿等，與東陵相同。陵區內，殿堂樓亭千餘間，石建築和石雕刻百餘座，總佔地面積小於東陵，也是一個規模很大的陵區。

清朝在東西陵各設有陵寢內務府、陵寢禮部和工部等，掌理祭祀、修繕等事宜。八旗兵負責陵寢守護，綠營兵管理陵界守衛。

清代，一座完整的帝陵，在一條通往帝墓的神路上，其主要設施爲：石牌坊、大紅門、華表、大碑樓（聖德神功碑樓）、多對石象生、龍鳳門、小碑樓（神路碑樓）及多孔石橋。神路終點是陵墓建築的正門——隆恩門。門前東、西兩側是值房和朝房。值房是護陵人員的住所；東朝房爲茶膳房，西朝房爲餑餑房。在東朝房以東稍遠一點的地方，是儲藏祭物的神廚庫。進隆恩門，迎面是一座巨大的，專爲供奉神主和祭祀用的隆恩殿。院內東、西各有配殿。東配殿存放着祭祀時用的祝版；西配殿是喇嘛唸經的地方。隆恩門內東、西兩側，建有焚燒祭物的兩座焚帛爐。隆恩殿後依次建有三座門、二柱門、石五供、

方城、明樓，最後是寶城和寶頂。寶頂下就是停放棺椁的地宮。在當時修建這樣一座帝王陵墓，一般要花費幾年、十幾年乃至幾十年的時間。后陵一般都小於帝陵，妃園寢多爲羣墓，建築十分簡單。

帝王祭陵之禮，西周已有。漢以後，歷代各有興革，但一直列爲皇家重要的祭祀活動。清代基本上延續明制，改動較少。清朝規定，每年清明、中元、冬至、歲暮、忌辰及國有大慶，皆行大祭；每月朔望爲小祭。大祭，如皇帝不親祭，均派宗室王公大臣爲承祭官致祭；小祭只是上香，由守陵王公大臣行禮。

若皇帝謁陵，只在當日換素服到寶城前三奠酒，行禮而退。若皇帝親行大祭禮，屆時須在隆恩殿內設供。祭品有牛一，羊二，羹、飯、脯、醢（音：海，肉醬）十八種，餅、餌、果實六十五種，另有帛、茶盌、金爵、金匕、金筯等。祭時皇帝素服由左門進隆恩殿，至供案前跪，上香，行三跪九叩禮；王公百官隨同行禮。然後依次進行初獻，讀祝文，亞獻，三獻禮。每一獻皇帝及王公百官均行三跪九叩禮，然後送燎。皇帝望燎畢，從左門出殿，進陵寢左門至明樓前，西向立舉哀（哭），王公百官在陵寢門外舉哀（冬至日及慶典行大饗禮，着朝服不舉哀）。舉哀片刻，即告結束。

根據明制，清朝亦規定每年清明節行敷土之禮。敷土禮亦可遣官進行。若皇帝親行，是日更素服，由幫扶擔土大臣隨皇帝進至寶城前；着黃色護履，由寶城東蹬道陞至寶城上石柵欄東，大臣將兩筐土合爲一筐，至寶頂正中敷土處，由幫扶添土大臣跪進給皇帝。皇帝跪接，拱舉敷土。敷土完了再行時饗禮。此禮清初期皆因明制，敷土十三擔，乾隆帝認爲十三擔往返上下二十多趟，“似覺煩數”，自乾隆二年（1737年）起改爲一擔。

有清一代，謁陵最勤的是乾隆帝。他在位的六十年及當太上皇的三年中，有四十個年頭都舉行謁陵活動。年輕時幾乎每年舉行，只年老時才間斷過一兩次，直到乾隆六十年（1795年）和嘉慶元年（1796年），仍以八十多歲的高齡，親謁東陵、西陵，表示尊祖敬宗的誠意。

歷代帝王皆以厚葬爲榮，清代帝后的隨葬物向無明文規定。只慈禧太后的斂葬品尚留有記載。其隨葬物之豐富，十分可觀。服飾鋪蓋上的裝飾，僅珍珠一項，加上填充棺內空隙的珍珠，可以計數的就有三萬三千五百六十多顆。另有各種紅寶石、藍寶石、貓眼石、祖母綠等三千六百六十多塊。各種翠玉器物，包括翡翠西瓜、桃、荷葉、蟈蟈白菜、碧璽蓮花、黃紅寶石李子、杏、棗、金佛、玉佛、羅漢、駿馬、珊瑚樹等共三百五十多件。在她的棺椁中，雖然沒有金縷玉衣，但也稱得起是珠埋玉葬了。就其價值來說，比前者更過之。

457

457.圜丘

　　圜丘即天壇，在正陽門外東南，
史稱南郊，為清帝告天、祭天之壇。
壇為圓形，初建於明嘉靖九年（1530
年），分上中下三層，分別代表天之
九重、七重和五重。壇以清白石鋪成，
並圍以漢白玉雕成的石欄，並築有登

壇的東西南北四陛。清朝第一次使用
圜丘是在順治元年（1644年）十月初
一順治帝登極之日。清入關後，睿親
王多爾袞為表示清軍入關、福臨稱帝
乃順天意、應民情，特意安排順治帝
登極大典前，先到圜丘行告天之禮。

458

459

458.祈年殿

　　初建於明嘉靖年間。原名大饗殿，在圜丘之北，為三重簷圓亭式殿宇，是清帝正月上辛祈穀的場所。最初，大饗殿的三層簷分別覆以青、黄、綠三色琉璃瓦，乾隆十六年（1751年）大臣提出大饗本為季秋報祀，而祈穀則在立春之後，故應更易殿名，乾隆帝遂將大饗改為祈年，並將殿簷全部改用青琉璃瓦覆蓋。

459.圜丘齋宮

　　皇帝為表示祭天的虔誠，每在祭祀前齋戒三日，其中兩天是在宮內，祀前一天則在圜丘西旁的齋宮住宿。

460

460. 雍正帝《祭先農壇圖》

　　先農壇設在正陽門西南。圖中方壇即祭壇，上設黃幄，內供先農氏神位。壇下着朝服的文武百官和着紅衣的樂隊舞隊，正恭候雍正帝駕臨。

461. 社稷壇

　　在端門之右，為方形祭壇。上覆青、白、紅、黑、黃五色土，代表中華大地的東西南北中五個方位。每年春秋仲月，清帝至此陞壇上香，祭拜土地之神"社"與五穀之神"稷"。

461

462.祭月壇朝服
　　清帝於每年秋分日到西郊月壇祭
月,着月白色彩雲金龍朝服。

462

463

463.蠶壇
　　在西苑東北隅。壇為方形,東有
桑園,後有觀桑臺和浴蠶池。皇后在
蠶壇行拜祭禮,在桑園採桑。當春蠶
結繭後,皇后再蒞臨蠶壇,繰絲三盆,
以示朝廷對養蠶事業的重視。

464.珊瑚朝珠
　　清帝祭日時佩戴的珊瑚朝珠。

464

465.雍和宮

　　雍和宮地處京城東北角。康熙年間為皇四子雍親王胤禛的王府。胤禛即帝位後，為潛邸命名雍和宮。乾隆年間，雍和宮被改建成寺廟，內供十多米高的黃教祖師宗喀巴鎏金銅像，後殿為身高十八米的檀香木雕大佛。為京中首屈一指的喇嘛廟。

466.雍和宮法輪殿

467.咸若館佛堂

　　咸若館是宮中慈寧花園內一方亭式大殿。內設佛像、法器和祭器、是專供太后太妃禮佛之所。

468.雨花閣

　　雨花閣為宮中一重要的佛樓。樓高三層，頂為四角攢尖，覆以鎏金銅瓦和四條鎏金銅蛟龍，樓內供奉多種密宗佛像。

469. 普寧寺大乘之閣千手千眼觀音
高 22.28 m

清代康、乾諸帝爲鞏固清王朝的統治，將宗教祭祀與政治需要密切地結合起來，用尊崇西藏黃教的辦法籠絡蒙、藏貴族。乾隆帝曾遣人到西藏臨摹測繪寺廟圖樣，於乾隆二十年（1755年）仿西藏三摩耶寺，在承德武烈河畔修建了普寧寺。大乘之閣是普寧寺的主體建築，閣中供奉的木雕千手千眼觀音，全身有四十二隻手臂，每隻手心有一隻眼，持一件法器，觀音面部飾以金箔，額頭上的三隻眼，象徵可以洞察過去、現在和未來。頭頂上的坐佛及冠上的小佛，均爲觀音的老師。千手千眼觀音比例勻稱，衣紋流暢飄逸，有"吳帶當風"之感，是一件難得的藝術巨雕。

470. 普陀宗乘之廟

是乾隆帝在承德修建的最大的一座喇嘛廟。普陀宗乘，是佛教教義所指的佛教聖地。乾隆帝一向認爲，西藏爲黃教中心，"藩服皈依之總滙"。而居住在拉薩布達拉宮的達賴喇嘛，則是蒙、藏諸部心中的神王，只要控制了上層喇嘛，就可以順利地統治蒙、藏地區。乾隆三十五年（1770年），爲乾隆帝六十壽辰，次年爲崇慶皇太后八十壽辰，內外蒙古、新疆、青海諸部都要前來祝壽。爲籠絡這些篤信黃教的王公貴族，乾隆帝決定仿拉薩布達拉宮，在承德修建普陀宗乘之廟。

470

471

471. 須彌福壽之廟

黃教另一活佛班禪額爾德尼的居處，在西藏日喀則札什倫布寺。乾隆帝認爲，"布達拉既建，倫布不可少"，因此借自己七十聖壽，六世班禪要覲見祝壽之機，下令在承德仿札什倫布寺建須彌福壽之廟。須彌係佛經中山名，藏語音爲"札什"；福壽，藏語音"倫布"，意思是福壽像須彌山一樣高大延年。須彌福壽之廟的主體建築爲大紅臺及妙高莊嚴殿。殿頂爲四角攢尖式，覆以銅製鎏金魚鱗瓦。四條屋脊各裝有兩條騰空飛舞的鎏金蛟龍，使整個寺廟格外有氣勢。六世班禪到承德後，即在此殿講經。

472

473

472.太廟

在端門之左，是清王朝的祖廟，有前、中、後三重大殿。前殿是舉行祭祖大典的場所，中殿供奉太祖努爾哈赤及以後諸帝的牌位，後殿則供奉努爾哈赤的四位祖先。每年孟春的上旬，孟夏、孟秋、孟冬的朔日及歲暮，清帝都要前往太廟祭祖。屆時將中殿供奉的牌位移至前殿，禮畢再送回原處。歲暮祫祭時，則將中殿、後殿的牌位集中於前殿合祭。

473.太廟後殿內景

爲清室祧廟（祧音挑，即遠祖、始祖之意），九楹。順治五年（1648年），清王朝在制訂各項禮儀的同時，追尊太祖努爾哈赤的高祖父澤王爲肇祖，曾祖父慶王爲興祖，祖父昌王爲景祖，父親福王爲顯祖，統稱四祖；供奉於太廟後殿。

474.奉先殿後殿內景

　　奉先殿位於紫禁城內景運門之東,分前後兩殿,是清王室的家廟。凡清朝列帝列后神位,平時均供於後殿,惟元旦、冬至、萬壽等重要節令,將神位請至前殿,由皇帝親行祀禮。由於奉先殿爲清室家廟,因此每月朔日,皇帝或親詣或遣官行薦新禮,如正月薦鯉魚、青韭,二月薦萵苣、菠菜等,意在表示孝心,讓祖先也能及時嚐到新上市的山珍海味、菜蔬瓜果。

475.坤寧宮祭神處

　　圖中右側門內爲祭神時煮肉處,寶座是皇帝祭祀時吃肉處。

475

476.永陵全景

　　永陵原名興京陵，位於興京城西北啓運山下的蘇子河畔。初建於明萬曆二十六年（1598年），後於清康熙、乾隆等朝，屢有改建。此陵是清皇族的祖陵，埋葬着清太祖努爾哈赤的遠祖孟特穆（肇祖原皇帝），曾祖福滿（興祖直皇帝）、祖父覺昌安（景祖翼皇帝）、父親塔克世（顯祖宣皇帝）。另有伯父禮敦（武功郡王）、叔父塔察篇古（多羅恪恭貝勒）及他們的妻室等人。

福
陵
圖

477.《福陵圖》

　　縱156cm　橫88cm

　　福陵位於瀋陽東郊渾河北岸的
天柱山上，俗稱東陵，建於天聰三年
（1629年）。順治八年（1651年）基
本完成。福陵是清太祖努爾哈赤和孝
慈高皇后葉赫納喇氏的陵墓。

477

478.清太祖努爾哈赤像

縱276cm 橫166cm

　　愛新覺羅・努爾哈赤是清代傑出
的政治家，是清王朝的創業之主。原
爲明朝將領，明萬曆四十四年（1616
年）在東北赫圖阿拉建立後金政權，
年號天命。努爾哈赤生於明嘉靖三十
八年（1559年）。天命十一年（1626
年）正月，在寧遠戰役中受重傷，八
月十一日死於離瀋陽四十里的靉鷄
堡，終年六十八歲。

479.清太宗皇太極像

縱272.5cm 橫142.5cm

皇太極是清太祖努爾哈赤的第八
子，清朝卓越的政治家和軍事家，明
萬曆二十年（1592年）出生於赫圖阿
拉城。皇太極早年任八旗旗主之一，
爲建立清王朝，戎馬征戰了幾十年，
立下重大功績。努爾哈赤死後繼位稱
"汗"，年號天聰。十年後正式稱帝，
國號大清,建元崇德。崇德八年（1643
年）八月死於瀋陽故宮後宮，終年五
十二歲。

481

480.《昭陵圖》

　　縱218cm　橫161cm

　　昭陵在瀋陽城北十里許，俗稱北
陵，建於崇德八年（1643年），順治
八年（1651年）竣工，以後歷代多有
重修和改建。昭陵是清太宗皇太極和
孝端文皇后博爾濟吉特氏的陵墓。

481.清東陵全景

　　清東陵是清入關後，在北京附近
修建的兩大陵區之一。地處河北省遵
化縣馬蘭峪西的昌瑞山下，西距北京
二百五十華里左右，總佔地面積達二
千五百多平方公里，共有帝、后和妃
子陵墓十四處，埋葬着一百五十多人。
是一座規模宏大，建築體系比較完整
的帝王陵寢建築羣。

482.清東陵晨景

482

483.孝陵神路

　　孝陵在昌瑞山主峯下，地處整個陵區的中心位置上。它是順治帝的陵墓，也是清王朝在關內修建的第一座皇帝陵墓。陵址是順治帝親自選定的。孝陵神路寬十二米，長十餘里，最南端有六柱五門十一樓的石牌坊，文飾雕刻精細。往北過大紅門則是高達三十多米的神功聖德碑樓，樓外四角各有華表一座。向北繞過自然形成的影壁山，是十八對石象生，均用整塊巨石雕成，數量之多，非清代任何一個帝陵可比。再向北過龍鳳門，是神路碑亭、石孔橋等建築，最北端是明樓和地宮。

483

484

485

484.景陵大碑樓及華表

　　景陵是康熙帝的陵墓，始建於康熙二十年（1681年），是一座完整的帝陵，其規模僅次於孝陵。這是景陵大碑樓外四角的華表之一。

485.景陵明樓及二柱門

　　明樓即地宮寶頂前面的城樓。內樹石碑，鎸有：聖祖仁皇帝之陵。

486.裕陵地宮

　　裕陵是乾隆帝的墓地。地宮是停放梓宮的地方。裕陵地宮富麗而精緻，整個建築採用傳統的，不用櫟柱的石拱券構成，全部為石結構。地宮進深五十四米，總面積為三百七十二平方米。由明堂券、穿堂券和金券三部分組成，內有石門四道。整個地宮處處佈滿雕刻，是一座清代石雕藝術的寶窟。

487.容妃地宮

　　容妃和卓氏（俗稱香妃），是乾隆帝妃之一，生於雍正十二年（1734年），死於乾隆五十三年（1788年）。這裏是安葬容妃棺槨的地宮。

488.定東陵全景

　　定東陵是慈安、慈禧兩太后的陵。兩座陵的外型及佈局設計完全相同，這是定東陵全景。

489.慈禧太后陵隆恩殿內裝修

　　慈禧太后和慈安太后兩座陵墓，均建於同治十二年（1873年），完成於光緒五年（1879年），前後用了六年的時間，僅慈禧太后一陵就耗費白銀二百二十七萬両。但慈禧太后並不滿意，又於光緒二十一年（1895年），以年久失修為藉口，將隆恩殿及東西配殿全部拆除，重新修建。這次重修僅貼金一項就用去黃金四千五百九十多両。室內裝修地子用褐色，彩畫部分全部貼金，連牆壁的磚都是經雕刻貼金的,殿內明柱上有立體金龍盤繞。與慈安太后的隆恩殿裝修相比，要華貴好幾倍。

489

490

490.慈禧太后陵的龍鳳階石

　　龍、鳳是封建社會帝、后的象徵，一般帝后陵前的龍鳳階石圖案均是龍在上，鳳在下，表示帝尊后卑。慈禧太后將自己陵前的龍鳳階石雕成鳳在上，龍在下，表示她的權力比皇帝還高。

491

492

491.定陵全景

　　定陵是咸豐帝的陵墓。咸豐帝繼
位之初，定陵便動工修建，後因第二
次鴉片戰爭爆發，工程被逼擱置。咸
豐帝死時，工程尚未完成，直到同治
四年（1865年）九月，定陵才全部竣
工。

492.清西陵的石牌坊

　　清西陵是清王朝在北京附近修建
的第二個帝王陵墓區，位於河北省易
縣城西的永寧山下，東距北京二百四
十餘華里。陵區南端大紅門外的廣場
上，東、西、南三面，矗立着三座高
大的青白石牌坊。均是六柱五門十一
樓的石牌坊，雕有山水花草和各種獸
的圖案，雕工亦甚精細。

493.泰陵隆恩殿

　　泰陵是雍正帝的陵墓，是清西陵
建築最早，規模最大的一座帝陵。隆
恩殿是陵寢祭祀的主要場所。殿內的
明柱全部瀝粉貼金，樑枋上施以色調
和諧的彩畫。殿內有三個暖閣，裏面
供奉着死者的靈牌。前列三個供案，是
祭陵時擺放各種祭器和祭品的地方。
案後爲寶座。祭祀時，將暖閣內的靈
牌移至寶座上。

494.泰陵夜景

493

494

495.泰陵全景

496.泰陵琉璃牌坊

495

496

497

497.慕陵隆恩殿

498.慕陵隆恩殿天花板

　　慕陵是道光帝的陵墓。道光帝繼
位之初，曾遵照乾隆帝關於"嗣後吉
地，各依昭、穆次序，在東、西陵界
內分建"的遺旨，先用了七年時間，
在東陵的寶華峪建起自己的陵墓。但
因翌年發現地宮積水，道光帝認為大
不吉利，遂處分了經辦的官員，將工

程全部拆除，另在西陵選擇吉地，重
新造陵。道光十二年（1832年）動工，
四年後建成。慕陵的建築風格不同於
其他各陵，寶頂前不建明樓。隆恩殿
全部採用金絲楠木建造，不施彩畫；
殿內天花全部用楠木雕的游龍和蟠龍
組成，造成"萬龍聚會，龍口噴香"
的氣勢。

498

499

500

499.崇陵全景

500.崇陵妃園寢

　　崇陵妃園寢內葬着光緒帝的瑾、珍二妃。兩妃係親姊妹，姓他他拉，均爲侍郎長敍的女兒。瑾妃死於1924年。珍妃因支持光緒帝的維新變法，得罪了慈禧太后，於光緒二十六年（1900年）七月，八國聯軍侵入北京，慈禧出逃前，被害死在寧壽宮後部的井中。屍體撈出後，先停靈在西直門外的田村，1913年3月移至梁各莊行宮暫安，同年11月，以貴妃之禮葬入崇陵妃園寢。

附錄

清代皇帝年表

年號	廟號	謚號	名字	出生日期及地點	死亡日期及地點	享年	登極日期	稱帝年齡	在位時間 公元	年數
天命	太祖	高皇帝	努爾哈赤	1559年 明嘉靖三十八年己未	1626年 天命十一年丙寅八月十一日未刻 靉雞堡	68	天命元年 正月初一日	58	1616－1626	11
天聰 崇德	太宗	文皇帝	皇太極	1592年 明萬曆二十年壬辰十月二十五日 申時赫圖阿拉城	1643年 崇德八年癸未八月初九日亥刻 盛京清寧宮	52	天命十一年 九月初一日	35	1627－1643	17
順治	世祖	章皇帝	福臨	1638年 崇德三年戊寅正月三十日戊時 盛京永福宮	1661年 順治十八年辛丑正月初七日子刻 養心殿	24	崇德八年 八月二十六日	6	1644－1661	18
康熙	聖祖	仁皇帝	玄燁	1654年 順治十一年甲午三月十八日巳時 景仁宮	1722年 康熙六十一年壬寅十一月十三日 戌刻暢春園	69	順治十八年 正月十九日	8	1662－1722	61
雍正	世宗	憲皇帝	胤禛	1678年 康熙十七年戊午年十月三十日 寅時	1735年 雍正十三年乙卯八月二十三日 子刻圓明園	58	康熙六十一年 十一月二十日	45	1723－1735	13
乾隆	高宗	純皇帝	弘曆	1711年 康熙五十年辛卯八月十三日子時 雍親藩邸	1799年 嘉慶四年己未正月初三日辰刻 養心殿	89	雍正十三年 九月初三日	25	1736－1795	60
嘉慶	仁宗	睿皇帝	顒琰	1760年 乾隆二十五年庚辰十月初六日 丑時圓明園天地一家春	1820年 嘉慶二十五年庚辰七月二十五日 戌刻熱河行宮	61	嘉慶元年 正月初一日	37	1796－1820	25
道光	宣宗	成皇帝	旻寧	1782年 乾隆四十七年壬寅八月初十日 寅時攝芳殿中所	1850年 道光三十年庚戌正月十四日午刻 圓明園慎德堂	69	嘉慶二十五年 八月二十七日	39	1821－1850	30
咸豐	文宗	顯皇帝	奕詝	1831年 道光十一年辛卯六月初九日 丑時圓明園澄靜齋	1861年 咸豐十一年辛酉七月十七日寅刻 熱河行宮烟波致爽殿	31	道光三十年 正月二十六日	20	1851－1861	11
同治	穆宗	毅皇帝	載淳	1856年 咸豐六年丙辰三月二十三日 未時儲秀宮	1874年 同治十三年甲戌十二月初五日 酉刻養心殿	19	咸豐十一年 十月九日	6	1862－1874	13
光緒	德宗	景皇帝	載湉	1871年 同治十年辛未六月二十六日 子時太平湖藩邸槐蔭齋	1908年 光緒三十四年戊申十月二十一日 酉刻瀛台涵元殿	38	光緒元年 正月二十日	4	1875－1908	34
宣統			溥儀	1906年 光緒三十二年丙午正月十四日 午時什剎海醇王藩邸	1967年 10月17日2時30分 首都醫院	62	光緒三十四年 十一月初九日	3	1909－1911	3

陵寢情況			父名	生母	排行	生育子女		廟號諡號全稱	奉安日期
陵名	地點	合葬后妃				子	女		
福陵	遼寧省潘陽市	孝慈高皇后	顯祖	宣皇后（喜塔臘氏）	第一子	16	8	太祖承天廣運聖德神功肇紀立極仁孝睿武端毅欽安弘文定業高皇帝	天聰三年二月十三日遷葬福陵
昭陵	遼寧省潘陽市	孝端文皇后	太祖	孝慈高皇后（葉赫那拉氏）	第八子	11	14	太宗應天興國弘德彰武溫寬仁聖孝敬敏昭定隆道顯功文皇帝	順治元年八月十一日葬昭陵
孝陵	河北省遵化縣清東陵	孝康章皇后 孝獻端敬皇后	太宗	孝莊文皇后（博爾濟吉特氏）	第九子	8	6	世祖體天隆運定統建極英睿欽文顯武大德弘功至仁純孝章皇帝	康熙二年六月初六日
景陵	河北省遵化縣清東陵	孝誠仁皇后、孝昭仁皇后 孝懿仁皇后、孝恭仁皇后、敬敏皇貴妃	世祖	孝康章皇后（佟佳氏）	第三子	35	20	聖祖合天弘運文武睿哲恭儉寬裕孝敬誠信中和功德大成仁皇帝	雍正元年九月初一日巳時
泰陵	河北省易縣清西陵	孝敬憲皇后 敦肅皇貴妃	聖祖	孝恭仁皇后（烏雅氏）	第四子	10	4	世宗敬天昌運建中表正文武英明寬仁信毅睿聖大孝至誠憲皇帝	乾隆二年三月初二日
裕陵	河北省遵化縣清東陵	孝賢純皇后、孝儀純皇后 慧賢皇貴妃、哲憫皇貴妃 淑嘉皇貴妃	世宗	孝聖憲皇后（鈕祜祿氏）	第四子	17	10	高宗法天隆運至誠先覺體元立極敷文奮武欽明孝慈神聖純皇帝	嘉慶四年九月十五日卯時
昌陵	河北省易縣清西陵	孝淑睿皇后	高宗	孝儀純皇后（魏佳氏）	第十五子	5	9	仁宗受天興運敷化綏猷崇文經武光裕孝恭勤儉端敏英哲睿皇帝	道光元年三月二十三日午刻
慕陵	河北省易縣清西陵	孝穆成皇后 孝慎成皇后 孝全成皇后	仁宗	孝淑睿皇后（喜塔臘氏）	第二子	9	10	宣宗效天符運立中體正至文聖武智勇仁慈儉勤孝敏寬定成皇帝	咸豐二年三月初二日
定陵	河北省遵化縣清東陵	孝德顯皇后	宣宗	孝全成皇后（鈕祜祿氏）	第四子	2	1	文宗協天翊運執中垂謨懋德振武聖孝淵恭端仁寬敏莊儉顯皇帝	同治四年九月二十二日未時
惠陵	河北省遵化縣清東陵	孝哲毅皇后	文宗	孝欽顯皇后（葉赫那拉氏）	第一子	0	0	穆宗繼天開運受中居正保大定功聖智誠孝信敏恭寬明肅毅皇帝	光緒五年三月二十六日寅刻
崇陵	河北省易縣清西陵	孝定景皇后	醇賢親王奕譞	慈禧妹（葉赫那拉氏）	第二子	0	0	德宗同天崇運大中至正經文緯武仁孝睿智端儉寬勤景皇帝	民國二年十一月十六日申刻
	北平市八寶山公墓		醇親王載灃	蘇完瓜爾佳氏	第一子	0	0		

清代皇后年表

謚號	姓氏	皇帝	出生時間	去世時間	享年
孝慈高皇后	葉赫那拉氏	太祖高皇帝努爾哈赤（天命）	明萬曆三年（1575年）	明萬曆三十一年（1603年）九月二十七日	29
孝端文皇后	博爾濟吉特氏	太宗文皇帝皇太極（天聰、崇德）	明萬曆二十七年（1599年）四月十九日	順治六年（1649年）四月十七日	51
孝莊文皇后	博爾濟吉特氏	太宗文皇帝皇太極（天聰、崇德）	明萬曆四十一年（1613年）二月初八日	康熙二十六年（1687年）十二月二十五日	75
孝惠章皇后	博爾濟吉特氏	世祖章皇帝福臨（順治）	崇德六年（1641年）十月初三日	康熙五十六年（1717年）十二月初六日	77
孝康章皇后	佟佳氏	世祖章皇帝福臨（順治）	崇德五年（1640年）	康熙二年（1663年）二月十一日	24
孝獻章皇后	棟鄂氏	世祖章皇帝福臨（順治）	崇德四年（1639年）	順治十七年（1660年）八月十九日	22
孝誠仁皇后	赫舍里氏	聖祖仁皇帝玄燁（康熙）	順治十年（1653年）十二月十七日	康熙十三年（1674年）五月初三日	22
孝昭仁皇后	鈕祜祿氏	聖祖仁皇帝玄燁（康熙）		康熙十七年（1678年）二月二十六日	
孝懿仁皇后	佟佳氏	聖祖仁皇帝玄燁（康熙）		康熙二十八年（1689年）七月初十日	
孝恭仁皇后	烏雅氏	聖祖仁皇帝玄燁（康熙）	順治十七年（1660年）	雍正元年（1723年）五月二十三日	64
孝敬憲皇后	烏拉那拉氏	世宗憲皇帝胤禛（雍正）		雍正九年（1731年）九月二十九日	
孝聖憲皇后	鈕祜祿氏	世宗憲皇帝胤禛（雍正）	康熙三十一年（1692年）十一月二十五日	乾隆四十二年（1777年）正月二十三日	86
孝賢純皇后	富察氏	高宗純皇帝弘曆（乾隆）	康熙五十一年（1712年）二月二十二日	乾隆十三年（1748年）三月十一日	37
孝儀純皇后	魏佳氏	高宗純皇帝弘曆（乾隆）	雍正五年（1727年）	乾隆四十年（1775年）正月二十九日	49
孝淑睿皇后	喜塔臘氏	仁宗睿皇帝顒琰（嘉慶）		嘉慶二年（1797年）二月初七日	
孝和睿皇后	鈕祜祿氏	仁宗睿皇帝顒琰（嘉慶）	乾隆四十一年（1776年）十月初十日	道光二十九年（1849年）十二月十一日	74
孝穆成皇后	鈕祜祿氏	宣宗成皇帝旻寧（道光）		嘉慶十三年（1808年）正月二十一日	
孝慎成皇后	佟佳氏	宣宗成皇帝旻寧（道光）		道光十三年（1833年）四月二十九日	
孝全成皇后	鈕祜祿氏	宣宗成皇帝旻寧（道光）	嘉慶十三年（1808年）二月二十八日	道光二十年（1840年）正月十一日	33
孝靜成皇后	博爾濟吉特氏	宣宗成皇帝旻寧（道光）	嘉慶十七年（1812年）五月十一日	咸豐五年（1855年）七月初九日	44
孝德顯皇后	薩克達氏	文宗顯皇帝奕詝（咸豐）		道光二十九年（1849年）十二月十二日	
孝貞顯皇后	鈕祜祿氏	文宗顯皇帝奕詝（咸豐）	道光十七年（1837年）七月十二日	光緒七年（1881年）三月初十日	45
孝欽顯皇后	葉赫那拉氏	文宗顯皇帝奕詝（咸豐）	道光十五年（1835年）十月初十日	光緒三十四年（1908年）十月二十二日	74
孝哲毅皇后	阿魯特氏	穆宗毅皇帝載淳（同治）	咸豐四年（1854年）七月初一日	光緒元年（1875年）二月二十日	22
孝定景皇后	葉赫那拉氏	德宗景皇帝載湉（光緒）	同治七年（1868年）正月初十日	民國二年（1913年）正月十七日	46

入 宮 和 晉 封 時 間	陵 寢	所 生 子 女
明萬曆十六年（1588年）九月入宮，崇德元年（1636年）四月追上尊諡孝慈武皇后，康熙元年（1662年）四月改稱今諡。	盛京福陵（合葬）	皇八子皇太極（太宗）
明萬曆四十二年（1614年）四月入宮，崇德元年（1636年）七月晉封爲清寧中宮，崇德八年（1643年）八月世祖嗣位，尊爲皇太后。	盛京昭陵（合葬）	皇二女溫莊固倫長公主、皇三女端靖固倫長公主、皇八女永安（端貞）固倫長公主。
天命十年（1625年）二月入宮，崇德元年（1636年）七月封永福宮莊妃，順治元年（1644年）九月尊爲皇太后，順治十八年（1661年）聖祖嗣位，尊爲太皇太后。	遵化昭西陵	皇四女雍穆固倫長公主、皇五女淑慧固倫長公主、皇七女端獻固倫長公主、皇九子福臨（順治）。
順治十一年（1654年）六月行大婚禮，册立爲皇后，順治十八年（1661年）聖祖嗣位，尊爲皇太后。	遵化孝東陵	
初入宮封爲妃，康熙元年（1662年）十月尊爲皇太后。	遵化孝陵（合葬）	皇三子玄燁（康熙）
順治十三年（1656年）八月封爲賢妃，十二月晉爲皇貴妃，死後追封爲皇后。	遵化孝陵（合葬）	皇四子榮親王
康熙四年（1665年）九月行大婚禮，册立爲皇后。	遵化景陵（合葬）	皇子承佑、皇二子允礽
初入宮封爲妃，康熙十六年（1677年）八月册立爲皇后。	遵化景陵（合葬）	
康熙十六年（1677年）八月封爲貴妃，康熙二十年（1681年）十二月晉爲皇貴妃，康熙二十八年（1689年）七月初九日册立爲皇后。	遵化景陵（合葬）	皇八女
康熙十八年（1679年）十月爲德嬪，康熙二十年（1681年）晉爲德妃，康熙六十一年（1722年）十一月世宗嗣位，尊爲皇太后。	遵化景陵（合葬）	皇四子胤禛（雍正）、皇六子允祚、皇十四子允禵、皇七女、皇九女溫憲固倫公主、皇十二女
世宗嗣位前的嫡福晉，世宗登極後，於雍正元年（1723年）十二月册立爲皇后。	易縣泰陵（合葬）	皇長子弘暉
康熙四十三年（1704年）侍世宗於藩邸，號格格，雍正元年（1723年）十二月封爲熹妃，後又晉封爲熹貴妃，雍正十三年（1735年）九月高宗嗣位，尊爲皇太后。	易縣泰東陵	皇四子弘曆（乾隆）
高宗嗣位前的嫡福晉，乾隆二年（1737年）十二月册立爲皇后。	遵化裕陵（合葬）	皇二子永璉、皇七子永琮、皇長女、皇三女和敬固倫公主
乾隆十年（1745年）入宮充貴人，同年十一月封令嬪，乾隆十四年(1749年)晉爲令妃，乾隆二十四年（1759年）晉令貴妃，乾隆三十年（1765年）六月晉皇貴妃，乾隆六十年（1795年）十月追尊爲皇后。	遵化裕陵（合葬）	皇十四子永璐、皇十五子顒琰（仁宗）、皇十六子、皇十七子永璘、皇七女和靜固倫公主、皇九女和恪和碩公主
仁宗嗣位前的嫡福晉，嘉慶元年（1796年）正月仁宗登極後，册立爲皇后。	易縣昌陵（合葬）	皇二子旻寧（道光）、皇二女、皇四女莊靜固倫公主
仁宗嗣位前的側福晉，嘉慶元年（1796年）正月仁宗登極封爲貴妃，翌年十月晉爲皇貴妃，嘉慶六年（1801年）四月册立爲皇后，嘉慶二十五年（1820年）八月宣宗嗣位，尊爲皇太后。	易縣昌西陵	皇三子綿愷、皇四子綿忻、皇七女
宣宗嗣位前的嫡福晉，嘉慶二十五年（1820年）九月宣宗登極，追封爲皇后。	易縣慕陵（合葬）	
宣宗嗣位前（嘉慶十三年十二月以後）的嫡福晉，道光二年（1822年）十一月册立爲皇后。	易縣慕陵（合葬）	皇長女端憫固倫公主
道光初年入宮封爲全嬪，道光三年（1823年）十一月晉全妃，道光五年（1825年）晉全貴妃，道光十三年（1833年）八月晉皇貴妃，攝六宮事，翌年十月册立爲皇后。	易縣慕陵（合葬）	皇四子奕詝（咸豐）、皇三女端順固倫公主、皇四女壽安固倫公主
入宮封爲靜貴人，道光六年（1826年）十二月晉靜嬪，翌年四月晉靜妃，道光十四年（1834年）十一月晉靜貴妃，道光二十年（1840年）十二月晉皇貴妃，咸豐五年(1855年)七月初一日，尊爲皇太后。	易縣慕東陵	皇二子奕綱、皇三子奕繼、皇六子奕訢、皇六女壽恩固倫公主
文宗嗣位前的嫡福晉，道光三十年（1850年）正月文宗登極，追封爲皇后。	遵化定陵（合葬）	
咸豐二年（1852年）二月封貞嬪，五月晉貞貴妃，十一月册立爲皇后，咸豐十一年(1861年)七月穆宗嗣位，尊爲皇太后。	遵化普祥峪定東陵	
咸豐元年（1851年）入宮封爲貴人，咸豐四年（1854年）七月晉懿嬪，咸豐六年（1856年）十二月晉懿妃，翌年十二月晉懿貴妃，咸豐十一年（1861年）七月穆宗嗣位，尊爲皇太后，光緒三十四年（1908年）宣統帝入承大統，尊爲太皇太后。	遵化菩陀峪定東陵	皇長子載淳（同治）
同治十一年（1872年）九月行大婚禮册立爲皇后，同治十三年（1874年）十二月德宗繼位尊爲"嘉順"皇后。	遵化惠陵（合葬）	
光緒十五年（1889年）正月行大婚禮、册立爲皇后，光緒三十四年（1908年）十月宣統繼位，尊爲皇太后。	易縣崇陵（合葬）	

圖片索引

主要參考書目

1.《清實錄》，清宮寫本。

2.《清會典》〔清〕托津等編，嘉慶刊本。

3.《清會典事例》〔清〕托津等編，嘉慶刊本。

4.《東華錄》〔清〕王先謙編，光緒刊本。

5.《清朝文獻通考》〔清〕秙璜等編，乾隆武英殿刊本。

6.《清史稿》趙爾巽等修，1977年中華書局鉛印本。

7.《康熙政要》〔清〕章梫纂，宣統二年鉛印本。

8.《聖駕五幸江南恭錄》，清宣統二年鉛印本。

9.《南巡盛典》〔清〕高晉等編，乾隆武英殿刊本。

10.《熱河志》〔清〕和珅等修，乾隆武英殿刊本。

11.《簷曝雜記》〔清〕趙翼撰，光緒刊本。

12.《嘯亭雜錄》〔清〕昭槤撰，宣統元年鉛印本。

13.《養吉齋叢錄》〔清〕吳振棫撰，光緒刊本。

14.《周禮》，1919年商務印書館影印明刊本。

15.《南巡扈從紀略》〔清〕張英撰，光緒鉛印本。

16.《國朝宮史》〔清〕于敏中等編，1925年鉛印本。

17.《國朝宮史續編》〔清〕慶桂等編，1932年鉛印本。

18.《石渠寶笈》〔清〕紀昀等編，1918年石印本。

19.《西清古鑑》〔清〕梁詩正等編，光緒石印本。

20.《清聖祖御製詩》，清武英殿刊本。

21.《清高宗御製詩》，清武英殿刊本。

22.《帝京歲時紀勝》〔清〕潘榮陛撰，1961年鉛印本。

23.《燕京歲時記》〔清〕富察敦崇撰，1961年鉛印本。

24.《宮中現行則例》，清嘉慶刊本。

25.《荊楚歲時記》〔晉〕宗懍著，1936年中華書局鉛印本。

26.《風俗通義》〔漢〕應劭撰，1937年商務印書館影印本。

27.《日下舊聞考》〔清〕于敏中等編，乾隆刊本。

28.《禮部則例》〔清〕特登額等編，道光刊本。

29.《皇朝禮器圖式》〔清〕允祿等編，乾隆刊本。

30.《西陂類稿》〔清〕宋犖撰，光緒鉛印本。

31.《總管內務府現行則例》，〔清〕咸豐內府寫本。